KB200154

도전! 로마서 1000독

누구나 쉽게 할 수 있는 말씀통독 실전 특강

도전! 로마서 1000독

조상연 지음

규장

새로운 종교개혁

하나님과 연합하는 삶으로

종교개혁은 역사 속에서 꾸준히 진행되어 왔다. 특히 이스라엘 왕들의 종교개혁은 여러 곳에서 발견된다. 당시 종교개혁이 기준으로 삼았던 곳은 성전이었다. 남 왕국의 13대 왕이었던 히스기야 개혁의 핵심도 성전과 백성의 성결이었다.

> 그들에게 이르되 레위 사람들아 내 말을 들으라 이제 너희는 성결하게 하고 또 너희 조상들의 하나님 여호와의 전을 성결하게 하여 그 더러운 것을 성소에서 없애라 대하 29:5

하나님의 백성과 하나님의 성전은 하나로 연합된 관계이다. 사도 바울도 성전의 본질인 성도의 존재와 성전의 기능인 성도의 생활에 대해 설명하며, 성도들에게 호통치듯 말한다.

> 너희가 하나님의 성전인 줄 알지 못하느냐 누구든지 하나님의 성전을 더
> 럽히면 하나님이 그 사람을 멸하시리라 하나님의 성전은 거룩하니 너희도
> 그러하니라 고전 3:16,17

이 말씀은 구원받은 성도의 본질적 존재를 드러낸다. 또한 성도는
구원받은 자로서의 삶을 살아야 한다고 말한다. 그러한 삶은 우상
과 일치하는 것이 아니라 하나님과 연합된 삶이다.

> 하나님의 성전과 우상이 어찌 일치가 되리요 우리는 살아 계신 하나님의
> 성전이라 이와 같이 하나님께서 이르시되 내가 그들 가운데 거하며 두루
> 행하여 나는 그들의 하나님이 되고 그들은 나의 백성이 되리라 고후 6:16

성경에서 좀 독특한 종교개혁을 이룬 인물로 엘리야와 엘리사를 꼽
을 수 있다. 엘리야 선지자는 바알 우상과 싸워 승리함으로 구원의
하나님을 드러냈고, 엘리사 선지자는 그 잔존 세력들을 끝까지 제거
하면서 백성들을 구원하시는 하나님을 나타냈다.

질기고 질긴 우상의 뿌리를 제거하고자 했던 종교개혁의 궁극적 이

유는 우상으로 더럽혀진 성전을 깨끗하게 하고, 사람의 탐욕 속에 자리 잡은 욕심의 우상을 불태워서 창조주 하나님만이 참 신이심을 만천하에 알리는 데 있었다.

즉, 지금까지의 종교개혁이 '믿음으로 구원을 주시는' 하나님을 통해 성도의 본질을 회복하는 것이었다면, 이제 우리가 이루어야 할 새로운 종교개혁은 '믿음으로 순종하게 하시는' 하나님과 연합된 삶을 사는 성도의 생활을 회복하는 것이다.

새로운 질문

세계 교회사에서 종교개혁의 근간이 되었던 성경구절을 꼽으라면 단연 "보라 그의 마음은 교만하며 그 속에서 정직하지 못하나 의인은 그의 믿음으로 말미암아 살리라"(합 2:4)라는 말씀일 것이다. 이는 종교개혁자 루터가 신약성경에 세 번이나 인용된(롬 1:17, 갈 3:11, 히 10:38) 이 말씀을 읽다가 '성도의 구원은 믿음에서 온다'는 확신을 얻었기 때문이다.

구약의 하박국 선지자는 '악인의 악'에 대해 하나님께 질문한다.

"악인이 의인을 에워싸고 죄악을 저지르는데도 왜 하나님의 공의는 시행되지 않는 겁니까?"

그때 하나님은 "의인은 그의 믿음으로 말미암아 살리라"(합 2:4)라며 '의인의 의'로 답해주셨다. 이로 인해 하박국서는 의인이 어떻게 살아야 되는지를 설명한 책이 되었다. 하박국 선지자의 질문(1장)에 대한 하나님의 대답(2장)을 깨달은 하박국 선지자는 찬양(3장)한다. 자신의 삶에 아무런 소출이 없을지라도 오직 구원의 하나님으로 인해 기뻐하겠다고 말이다.

이는 오늘을 사는 우리에게 '새로운 질문'이 되고 있다. 하박국 선지자의 시대나 오늘의 시대가 별반 다르지 않기 때문이다. 의롭게 사는 사람들이 악인으로 인해 피해를 본다. 그런데 하나님은 의인에게 믿음으로 살라고 하신다. 악인이 잘되는 것도 때가 있고, 의인이 고난을 받는 것도 때가 있기 때문이다.

믿음으로 사는 것

예수님은 "좋은 나무가 나쁜 열매를 맺을 수 없고 못된 나무가 아름다운 열매를 맺을 수 없느니라"(마 7:18)라고 말씀하셨다. 그렇다. 좋은 나무는 아름다운 열매를 맺고, 못된 나무는 나쁜 열매를 맺게 되는 것이 당연하고 합당한 일이다. 사과나무가 사과 열매를 맺으면 당연하고 합당하다. 만일 사과나무가 바나나를 열매로 맺는다면 이

8

상하고 부당한 일이다.

　이처럼 죄인나무가 죄를 열매로 맺거나 의인나무가 의를 열매로 맺는 일은 당연하고 합당하다. 하지만 의인나무가 의의 열매를 맺지 못한다면 참으로 부당한 일이 아닐 수 없다. 악인나무는 그에 합당하게 악의 열매를 맺으며, 악인은 악한 세대를 본받아 악하게 산다. 그렇다면 의인은 그리스도를 본받아 의롭게 살아야 하지 않겠는가!

　악인이 의인을 둘러싸고 있는 이 시대를 사는 사람들은 무엇이 합당한 일이고 무엇이 부당한 일인지 혼란스러워 한다. 동성애자들이 동성애가 합당한 것이라고 해도 반박해서는 안 되는 분위기가 지배적이다. 그러나 이런 시대 속에서도 의인이 믿음으로 살지 않는 것은 여전히 부당하다. 악한 사람이 악한 일을 하고, 독한 사람이 독한 일을 한다 해도, 의인이라면 의로운 일을 해야 하기 때문이다.

　죄인이 죄를 짓고 살다가 지옥에 가는 것이 합당하다면, 의인은 의를 행하며 살다가 천국에 가는 것이 당연하다. 그런데 의인이 왜 부당하게 사는가? 이 세상의 법에서도 악한 행동은 부당하다고 말한다. 검사가 뇌물을 받는 것은 부당하다.

　그런데 뇌물을 받은 검사는 그것이 관행이라며 당연한 듯 행한다. 마치 도둑이 도둑질을 하는 것이 당연한 것처럼 말이다. 그들은 검사의 옷을 입었지만 의인은 아니다. 그래서 예수님은 "거짓 선지자들을 삼가라 그들은 양의 옷을 입고 너희에게 나아오지만 속에는 노략질 하는 이리"라고 말씀하셨다(마 7:15).

의인이 믿음으로 사는 것이 정답이고 방법이다. 하나님께서 악인의 악을 보시며 정한 때에 심판하시겠다고 말씀하신 것은 우리로 믿음으로 살아야 하는 당위성을 갖게 한다. 나는 죽고 예수로 사는 것이 의인에게 가장 합당한 믿음 생활이다.

믿음으로 순종하는 삶으로

"의인은 그의 믿음으로 말미암아 살리라"(합 2:4)라는 하박국서의 말씀은 신약성경에 세 번이나 인용된다. 그렇다면 신약성경이 말하는 의인의 믿음은 무엇인가?

첫째, 로마서 1장 17절 말씀은 복음의 본질을 설명한다. 여기서 복음의 본질이란 믿음의 본질로, 예수 그리스도께서 우리로 하여금 처음부터 끝까지 점선이 아닌 실선으로, 구원의 믿음에서 순종의 믿음으로 살게 한다는 말씀이다.

둘째, 갈라디아서 3장 11절은 믿음의 내용을 설명한다. 율법의 행위가 아니라 믿음으로 구원받은 성도가 믿음으로 살 수 있는 것은 그 자신이 사는 것이 아니라 예수 그리스도로 사는 은혜임을 강조한 말씀이다.

셋째, 히브리서 10장 38절은 믿음의 적용을 설명한다. 즉, 성도는 담대한 믿음으로 세상에 저항하면서 하나님을 기쁘시게 해야 한다는 실천적인 적용을 담았다.

로마서의 복음의 본질은 갈라디아서에서 예수로 사는 은혜를 나타내고, 히브리서에서는 하나님을 기쁘시게 하는 믿음의 순종생활로 결론지어진다. 하나님께서 종교개혁자들을 통해 시작하신 종교개혁의 핵심적인 성경구절은 '믿음으로 얻는 구원'이었다. 그런데 신약성경의 설명을 따라가다 보면, 믿음으로 얻은 구원이 점진적으로 '믿음으로 순종'하는 모습을 드러냄을 알게 된다.

그러므로 성경이 요구하는 '새로운 종교개혁'은 믿음으로 구원받은 지점에서 멈추는 것이 아니라 그곳에서부터 시작해 천국에 갈 때까지 '내가 죽고 예수로 사는 순종의 삶'을 사는 것이다. 우리를 죄와 사망에서 구원하신 하나님의 한 의이신 예수 그리스도께서 우리를 믿음의 구원에서 믿음의 순종에 이르도록, 끝까지 붙드실 것이다.

할렐루야! 아멘.

조상연

프롤로그

1 종교개혁

2 성경통독

3 로마서 1000독의 실제

1
PART

종교개혁

종교개혁 500주년이 되는 2017년을 맞아, 많은 기독 단체들이 '제2의 종교개혁'을 외치고 있다. 전 세계의 교회들이 여러 가지 행사를 계획하고 있고, 한국의 교회들도 종교개혁지를 방문하는 등 대규모 기념대회를 기획하는 움직임을 보이고 있다.

종교개혁으로 인해 유럽의 신학은 깊어졌고, 그 신학이 미국을 거쳐 한국으로 건너와 지금에 이르렀다. 그런데 막상 종교개혁의 시작점이 되었던 유럽에서는 동성애가 만연하고 있으며, 교회 건물이 술집으로 변하기도 한다. 이런 모습을 보며 유럽의 교회가 퇴보하는 느낌을 지울 수 없다.

한국 교회의 현실도 만만치 않다. 이단들이 득세하고, 모슬렘이 곳곳에서 소리를 낸다. 또한 동성애가 첨예한 이슈가 된 지 오래고, 정통교단의 교회 건물이 가끔씩 이단에 팔리기도 한다. 신학은 발달하는데 신앙은 점점 퇴보하는 것 같아 참담하기 그지없다.

종교개혁 500주년을 기념하며 성지 순례하는 것도 좋고 종교개혁지를 방문하는 것도 좋다. 그렇지만 종교개혁자 루터와 칼빈의 유적을 찾아가 예배하고 구호를 외친다고 해서 지금보다 더 신앙의 진보를 보일 수 있을지는 의문이다.

종교개혁 당시에는 바른 신학이 없어서, 지금은 바른 신앙이 없어서 문제다. 루터와 같은 종교개혁자들은 잘못된 신학을 바로잡기 위해 종교개혁을 일으켰다. 덕분에 신학은 잘 정돈되었고, 사람들도 아는 것이 많아졌지만 그 신학적 지식을 삶으로 살아내지 못하고 있다.

나는 지금, 그 어느 때보다도 바른 신학지식 아래 바른 신앙생활이 이루어지도록 하는 '새로운 종교개혁'이 필요하다고 본다. 이를 위해 500년 전 루터를 중심으로 시작된 종교개혁의 발단 원인 등을 살펴보고, 새로운 종교개혁에 대한 실제적인 대안으로 '성경통독 운동'을 제시해본다.

루터의 종교개혁

진리의 횃불

독일의 무명 수도사 마르틴 루터(Martin Luther, 1483~1546)가 교황의 면죄부 판매에 반대해 1517년 10월 31일, 비텐베르크 성(城) 교회의 정문에 〈95개조 반박문〉을 붙였다. 그의 나이 34세였다. 중세시대 가톨릭교회에서는 기부를 하면 죄가 면해진다고 말하며, 기부한 자들에게 교황의 이름으로 속죄 증명서를 발행해주었다. 이것이 '면죄부'이다.

그런데 중세 말기에 이르러 성당 건축 등으로 많은 돈이 필요해진 가톨릭교회가 면죄부 발행을 남발하면서 많은 문제가 생겼다. 이에 마르틴 루터가 면죄부 발행에 대해 반박하는 내용을 담은 것이 유명한 〈95개조 반박문〉이다.

이 반박문은 재정적, 교리적 그리고 신앙적으로 변질된 교회를 향해 높이 든 진리의 횃불이 되었다. 또한 암울했던 당시 교회에 커다란 파문을 일으킴과 동시에 독일에 팽배해 있던 종교개혁의 움직임을 촉발시켰다. 하나님은 이 사건을 종교개혁의 서막으로 사용하셨다. 루터 이전에도 교회를 개혁하려던 사람들이 있었다. 그들은 파문을 당했고 화형장의 죽음을 면치 못했다. 그러나 루터가 등장할 때는 시대적 상황이 많이 달라져 있었다.

인쇄술의 발달과 자국어 성경 번역 등으로 성경을 직접 읽게 되면서 교회가 너무 타락했다는 것을 일반인도 알게 되었다. 게다가 가톨릭 교회의 수도사이자 신부요 신학대학의 교수로 있던 루터가 제시한 〈95개조의 반박문〉은 하나의 의견서라고 볼 수 있다. 루터는 토론을 통한 개혁을 원한 것이다. 그의 개혁은 교황청에 대항하는 제후들과 농민들의 지지를 얻을 수 있었다.

어둠에 잠긴 교회를 일깨운 반박문

루터는 교황의 면죄부 판매에 반대하는 95개의 내용을 담은 반박문을 비텐베르크 성 교회 정문에 내붙였다. 당시 교회 정문은 대자보를 붙이는 대학 게시판과 같은 역할을 했는데, 주로 논쟁이 필요한 문제들에 대한 토론을 요청하기 위해 사용되었다.

루터는 잘못된 면죄부 판매를 바로잡기 위해 95개조 반박문을 통해 학문적 토론을 시도했다. 또한 토론에 직접 참여할 수 없는 사람들에게는 글을 통해서라도 토론에 참여해줄 것을 간청했다.

이 반박문은 라틴어로 기록되었으며, 인간의 죄는 돈을 주고 산 면죄부로 소멸되는 것이 아니라 회개함으로써 사해진다는 것을 주된 내용으로 삼고 있다. 또한 교황은 그 직위가 교황청의 대표이지 신적 존재가 아니라고 강조했다. 그렇기에 교황이 면죄부를 발급해준다 해도 그것은 죄와 아무 관련이 없으며, 사람의 죄는 오직 회개를 통해서만 해결할 수 있다는 것이다.

이처럼 루터의 〈95개조 반박문〉의 핵심은 면죄부이지만 그 이면에는 산 자와 죽은 자의 영역을 명확하게 하고 있었다. 즉, 죽은 자에 대한 회개의 문제를 산 자가 관여할 수 없다는 것이다.

성도를 속인 중세 교회

연옥에 대한 내용이 전혀 성경적이지 않음에도 불구하고 당시에는 그것이 가톨릭교회의 교리로 자리를 잡고 있었다.

연옥은 이 세상에서 죄의 보상을 다 치르지 못한 영혼들이 천국에 들어갈 때까지 죄의 벌을 받는 곳이다. 세상의 많은 사람들은 죽은 다음 즉각 천국을 얻을 수 있는 착한 사람들이 아니다. 그렇다고 해서 영원한 벌인 지옥으로 가야 할 사람도 아닌 사람이 많다. 그래서 잠정적으로 그 죄에 해당되는 벌을 받고 보상을 치르고 천국으로 가는 곳이 있어야 합리적이다. 지옥이 영원한 사형선고라면, 연옥은 잠정적인 유기형을 치르는 곳이다. 연옥의 단련은 그가 가지고 있는 소죄와 죄의 벌에 따라 기간이 다르다. 이렇게도 하느님은 공의하시기에 우리는 있는 그대로 심판하실 정의의 하느님 앞에 의롭게 살아야 한다.

— 연옥에 대한 중세 가톨릭교회 교리의 일부

연옥의 존재에 대한 가톨릭교회의 이런 주장은 죽은 이들을 위한 기도와 미사로 연옥에 있는 영혼들을 도울 것을 가르친다. 또한 〈성인 예비자 교리서〉에는 "이는 신앙의 아름다운 한 표현으로 죽은 인간이 멸망치 않고 살아 있는 신자들과 하느님 안에서 관계를 맺고 있다는 희망의 신앙이다. 그러므로 우리는 죽은 이들과 유대를 맺고 있음을 명심하고 이들을 위해 기도해야 할 것이다"라고 가르친다.

연옥에 대한 교리는 600년경 교황 그레고리 대제가 영혼을 정화하는 장소로서의 연옥의 존재를 주장하면서 본격화되었다. 그러다 1459년 플로렌스회의에서 연옥설은 실제적인 교리가 되었다. 12세기에 이르러는 패트릭이라는 사람이 연옥으로 들어가는 입구를 발견했다는 이야기가 퍼졌고, 1153년에는 아일랜드 기사 오웬이 이 구덩이를 통해 지하세계를 보았다고 주장했지만, 이것도 사기극으로 판명되었다.

그럼에도 불구하고, 종교개혁자 마르틴 루터 당시 독일에서 면죄부를 팔던 요한 테첼은 연옥에서 영혼을 괴롭힌다는 악마의 사진을 가지고 다니며 이렇게 외쳤다고 한다.

"돈이 이 상자 속에서 땡그랑하는 소리를 내자마자 고통당하는 영혼이 연옥에서 벗어납니다."

죽은 영혼을 구하기 위해서 돈을 지불하라는 것이 과연 성경의 가르침일까? 성경에는 한 번 죽은 영혼의 행로가 사후의 기도나 어떤 조치에 의해 달라진다는 가르침은 전혀 없다.

성경의 가르침은 인간이 한 번 육체를 떠나면 다시는 회개할 수도 없고, 그 신분이나 받는 보상이 달라지지 않는다는 것이다. 즉, 인간은 육체에 있는 동안 회개해야 하며, 믿음으로 회개치 못한 자들은 영원한 지옥으로 가는 심판을 받고, 믿는 자들은 그 믿음을 끝까지 유지함으로 사망의 심판을 면제 받는다.

누가복음 16장에 등장하는 부자와 나사로의 이야기는 결국 천국과 지옥으로 대비된다. 가난한 나사로는 죽어서 아브라함의 품에 안기고, 부자는 고통 받는 뜨거운 곳으로 가게 되었다. 편안한 아브라함의 품은 천국의 개념을, 뜨거운 곳인 음부는 지옥의 개념을 설명한다.

이는 세상에서 사는 동안이 예수 그리스도를 믿고 구원받을 유일한 기회임을 명쾌하게 보여준다. 돈을 뇌물처럼 사용하여 죽은 후에 지옥에 간 사람을 천국으로 보낼 수 없다는 뜻이다. 그래서 부자는 많은 돈을 세상에 두고 왔음에도 그 돈으로 물 한 방울 살 수 없었고, 나사로가 있는 곳으로 건너갈 수도 없었다.

누가복음 16장 30절에 나오는 '회개'는 복음을 믿고 구원받아 천국에 가는 것을 의미한다. 그러므로 구원은 사람이 살아 있는 동안 그리스도의 복음을 듣고 마음으로 믿어지는 은혜의 회개를 통해서만 받을 수 있다.

〈95개조 반박문〉의 구조

교황의 면죄부 판매에 반대한 루터의 〈95개조 반박문〉의 내용을 좀 더 쉽게 설명하기 위해 전체 내용을 15개의 구조로 정리해 보았다 (원문을 참고하여 저자가 임의로 구분했다).

1. **회개**(1-4조): 회개는 구원받은 성도가 지속적으로 구원의 삶을 살아 가는 것을 의미한다.

2. **교황의 직위**(5-7조): 교황은 하나님의 대리자이지만 하나님은 아니다.

3. **산 자와 죽은 자**(8-15조): 죄 사함은 살아 있는 자들에게만 해당된다.

4. **지옥과 연옥과 천국**(16-19조): 지옥과 천국 사이의 연옥은 존재하지 않는다.

5. **교황의 사면권**(20-26조): 교황에게는 죄 사함의 권한이 없다.

6. **면죄부에 대한 오해**(27-35조): 면죄부를 받는다고 구원받았다고 믿는 것은 잘못된 오해다.

7. **면죄부와 회개**(36-40조): 면죄부가 없어도 참된 회개는 구원에 이르게 한다.

8. **면죄부의 가치**(41-51조): 면죄부를 구입하는 것보다 가난한 이웃을 돕는 행위가 훨씬 가치 있다.

9. **면죄부와 복음**(52-55조): 면죄부에는 사소한 가치도 없지만 복음은 훨씬 중요한 가치를 가진다.

10. **면죄부와 보배**(56-61조): 면죄부는 현세의 보물이 아니다.

11. **보배로운 복음**(62-66조): 교회의 진정한 보물은 거룩한 복음이다.

12. **면죄부와 설교**(67-74조): 면죄부 판매 소득을 올리기 위해 설교를 이용해서는 안 된다.

13. **교황의 능력**(75-81조): 교황의 능력이 아무리 위대하다 해도 그의 면죄부는 죄를 해결할 능력이 없다.

14. **교황에 대한 질문**(82-89조): 교황은 진심으로 영혼 구원을 위해 면죄부를 판매하는 것인가?

15. **루터의 결론**(90-95조): 성도는 십자가 고난을 통해 영광의 길을 가신 그리스도를 따라가야 한다.

개혁은 말씀에서 시작된다

중세시대에는 4세기경 제롬이 번역한 '불가타'(Vulgata) 라틴어 성경이 주를 이루고 있었다. 하지만 신학자와 성직자 외에 라틴어 성경을 읽을 수 있는 사람은 거의 없었고, 다른 언어로의 성경 번역은 금지되어 있었다.

이런 상황에서 마르틴 루터의 종교개혁이 이룬 최대 업적은 라틴어 성경을 독일어로 번역해 일반 성도들이 성경을 읽을 수 있도록 한 것이다. 성경을 영어로 번역한 윌리엄 틴데일도 1536년에 빌보르드 성에서 신성 모독죄로 화형에 처해졌다.

루터는 '오직 성경'(Sola Scriptura)을 외쳤다. 그는 로마 교회가 교황의 뜻에 따라 성경과 동일한 위치에 두었던 다른 모든 것을 거부하고 오직 성경만이 진리의 기준이라고 외쳤다. 이로 보건대 진정한 종교개혁의 본질적 주체는 '루터'와 같은 사람이 아니라 바로 '성경'이었다. 그러므로 새로운 종교개혁도 '성경읽기'에서부터 시작되어야 할 것이다.

오직 믿음으로 구원에 이르는 성도가 하나님과 사람 앞에서 바르게 살도록 인도하는 것은 유명한 신학자나 거룩한 성직자가 아니라 바로 성경의 진리이다. 그 진리 안에서 성령의 인도를 따라 성숙한 성도로 살 것을 요구하는 것도 성경이다. 그래서 모든 성도는 직접 성경을 읽고, 성령을 통해 깨달은 말씀에 따라 세상을 구원할 빛과 소금으로 살아야 한다.

지금, 새로운 종교개혁이 절실하다

시간이 지나면서 루터의 종교개혁은 교회의 변화와 신학의 발달을 가져왔다. 또한 사회, 경제, 문화 전반에 걸쳐 새로운 변화를 가져왔다. 아울러 중세시대의 교회와는 다르게 평신도들이 읽을 수 있는 언어로 번역된 성경을 제공하여 그들이 스스로 읽고 묵상하며 그 말씀을 삶에 적용해 살도록, 세상을 변화시키는 선교사적 사명을 제공했다.

그런데 종교개혁의 상향 곡선이 어느 시점을 지나면서부터 하향 곡선을 그리더니 걷잡을 수 없이 내리막길로 치달았다. 오늘날에는 루터가 종교개혁을 일으켰던 독일의 교회들을 포함한 전 세계 교회들이 영적으로 침체의 늪에 빠져 있다. 게다가 이런 현실에 저항하며 개혁을 실천하려는 움직임마저 부족한 것 같아 더욱 안타깝다. 현실에 대한 자성의 목소리는 높지만 그에 맞는 명쾌한 비전을 제시하는 이들이 일어나지 못하기 때문이다.

약 500년 전, 무명의 성직자가 목숨을 걸고 종교개혁의 선두에 섰다. 그 핵심은 '오직 성경'만이 구원의 진리를 설명하고 있고, '오직 믿음'으로만 구원에 이를 수 있다는 선언이었다. 그렇다. 오직 성경만이 사람을 하나님의 자녀 되게 하고, 죄인을 의롭게 하는 내용을 선포한다. 이 진리를 믿음으로 구원에 이르게 된다.

성경은 변하지 않는 진리로 역사하지만, 사람은 변질되고 신학도 왜곡된다. 다른 예수, 다른 영, 다른 복음을 가르치는 이단과 적그리스도가 끊임없이 발생한다. 그러므로 바른 신앙생활을 하려면 바른 신학에 기초한 성경읽기가 필연적으로 요구된다. 성경읽기는 성도의 믿음생활에 꼭 필요한 기본기이기 때문이다.

루터가 종교개혁을 일으켰던 중세시대에 성경을 읽을 수 있는 이들은 성직자들뿐이었지만 지금은 마음만 먹으면 누구나 쉽게 성경을 읽을 수 있다. 하나님의 뜻을 깨달은 성도라면 누구나 삶의 현장에서 성경통독을 바로 시작할 수 있다.

그 옛날 루터가 '믿음으로 얻는 구원'을 부르짖으며 종교개혁을 일으켰듯이, 말씀이 삶이 되어 내가 죽고 예수로 사는 새로운 종교개혁이 불일 듯 일어나기를 기대한다. 그 시작이 성경통독 운동이 되기를 간절히 소망한다.

02

새로운 종교개혁의 시작

성경을 읽자

종교개혁 500주년을 맞아 교회들은 너나없이 새로운 종교개혁이 필요하다며 '성경으로 돌아가자'고 말하고 있다. 성경으로 돌아가는 것이 정답인 줄은 알겠는데, 돌아갈 방법을 명쾌하게 말해주는 사람은 많지 않다. 나는 그 방법으로 '성경통독'이 최선의 대안이라 생각한다. 성경통독을 통해서 믿음이 공급되면 우리가 그 말씀에 순종할 수 있기 때문이다.

순종은 믿음을 통해서만 가능해진다. 우리가 구원을 얻기 위해 나름대로의 노력을 총동원할 수 있지만, 구원은 노력으로 얻을 수 있는 것이 아니다. 구원은 하나님의 은혜의 선물이다. 마찬가지로 복음의 삶, 구원의 삶, 거룩한 삶, 성화의 삶을 살기 위해 나름대로의 노력을 기울일 수 있지만, 우리가 믿음을 가질 때라야 진정으로 순종하게 된다. 그런데 믿음은 그리스도의 말씀을 들을 때 생긴다. 그러므로 성경통독은 믿음으로 순종할 수 있는 최선의 대안이 될 수 있다.

성경은 하나님의 비밀이고, 이 비밀은 그리스도의 생명으로 나타나서 우리에게 임마누엘로 주어진다. 이 비밀을 깨달은 성도가 하나님의 말씀에 순종하면 내가 죽고 예수로 사는 신앙생활을 하게 된다. 성경은 예수의 생명이라는 신학의 비밀을 깨닫게 하고, 성도가 순종함으로 신앙의 신비를 경험하며 살게 한다.

그리스도의 말씀은 본질적으로 그리스도의 생명을 전하는 구속사역이다. 그러므로 구속사적인 성경읽기는 믿음을 통해 내 자아는 죽고 예수로 살게 하는 새로운 종교개혁의 통로가 된다. 그러므로 예수 그리스도의 구속 역사를 중심으로 읽는 성경통독은 믿음으로 구원받는 종교개혁에 이어 믿음으로 순종하는 새로운 종교개혁을 일으키기에 충분하다.

새로운 종교개혁의 기준, 하나님의 말씀

성도는 예수 그리스도의 생명과 본질을 드러내는 하나님의 말씀으로 구속사의 진리를 전개시켜야 한다. 마태복음 4장에는 예수님이 성령에 이끌리사 40일 금식하신 후에 마귀에게 시험을 받으시는 장면이 나온다.

시험하는 자가 예수께 나아와서 이르되 네가 만일 하나님의 아들이어든

명하여 이 돌들로 떡덩이가 되게 하라 마 4:3

이 시험에 예수님은 이렇게 말씀하셨다.

예수께서 대답하여 이르시되 기록되었으되 사람이 떡으로만 살 것이 아니요 하나님의 입으로부터 나오는 모든 말씀으로 살 것이라 마 4:4

마귀는 광야 같은 세상을 살아가는 우리도 먹고 사는 문제를 가지고 시험한다. 먹고 사는 문제의 기본은 땅의 양식이지만, 본질은 하늘의 양식, 하나님의 말씀이다. 하나님께서 '교회'(에클레시아)로 불러내어 구별시킨 성도는 사는 목적과 이유가 달라야 한다.

하나님의 말씀을 가지고 구별된 삶을 살기 위해서는 성경구절 하나를 선택하는 것이 아니라 성경 전체에서 말하는 본질을 찾아야 한다. 그 본질은 하나님의 말씀이며, 땅의 양식이 아닌 하늘의 양식이다. 하늘 양식을 기준 삼아 구별되게 사는 것은 예수를 믿어 하나님께 순종하며 사는 삶이다.

새로운 종교개혁의 핵심, 순종의 마음

성도는 "그로 말미암아 우리가 은혜와 사도의 직분을 받아 그의 이름을 위하여 모든 이방인 중에서 믿어 순종하게 하나니"(롬 1:5)라는 복음의 핵심처럼 믿음으로 순종함으로 새로운 종교개혁을 일으켜야 한다. 하나님께서 사람을 죄에서 구원하신 목적은 하나님의 말씀을 듣고 예수 그리스도를 하나님의 아들로 믿어 하나님께 순종하는 삶을 살게 하려는 것이다.

"너희 안에 이 마음을 품으라 곧 그리스도 예수의 마음이니"(빌 2:5)라는 말씀은 이 땅에서 하나님께 가장 순종하신 분이 바로 예수님이심을 드러낸다. 그분은 십자가에서 죽기까지 복종하셨다. 순종하는 마음은 외적인 부흥이 아니라 내적인 거룩함을 전염시키는 새로운 종교개혁을 일으킬 수 있다.

새로운 종교개혁의 결과, 세계 선교

"너희 안에서 행하시는 이는 하나님이시니 자기의 기쁘신 뜻을 위하여 너희에게 소원을 두고 행하게 하시나니"(빌 2:13)라는 구절이 말하듯 하나님의 뜻은 성도에게 소원으로 임한다. 성경은 하나님의 감동으로 기록된 하나님의 뜻이다. 하나님의 뜻을 최종적으로 정리하면 세계 선교이다.

나만 하나님께 순종하면 된다는 생각에 만족할 것이 아니라 다른 사람들도 그렇게 살게 하고 싶다는 열망을 가져야 한다. 믿음으로 순종하는 사람들은 말씀으로 온 세상을 정복하시려는 하나님의 뜻을 자신의 소원으로 품고 그것이 성취될 것을 믿는다.

나는 하나님의 뜻을 이루는 세계 선교의 열망이 성경통독 사역을 통해 이루어질 수 있다고 믿는다. 그래서 성경 읽는 가정과 교회와 나라가 세워지길 기도한다. 성경통독의 물결이 주님 오실 때까지 전 세계로 퍼져 나가길 기도한다.

성경통독과 새로운 종교개혁

성도는 하나님의 말씀을 기준으로 삼고, 하나님이 원하시는 순종의 마음을 품고, 새로운 종교개혁을 통한 세계 선교의 뜻을 품어야 한다. 그 뜻을 성취하기 위한 도구로 성경통독이 사용되기 원한다. 이를 위해서는 내가 먼저 성경을 읽고(성경 읽는 사역), 다른 사람도 성경을 읽도록 독려해야 한다(성경을 읽게 하는 사역).

성경을 다독하기 위해서는 무조건 읽어나가는 것보다 효율적인 형식을 갖추는 것이 좋다.

첫째, 성경 읽는 사역에서는 로마서 1000독을 가장 중요한 기준점으로 삼고 있다. 이를 시작으로 바울서신 1000독, 신약 1000독, 신구약 1000독을 점차적인 목표로 삼고 진행한다.

둘째, 성경을 읽게 하는 사역은 오프라인 세미나 사역과 온라인 스마트폰용 메신저 등을 활용한다. 오프라인 세미나를 통해 몸으로 체험하는 훈련을 하여 스스로 성경을 읽고, 온라인에서는 성경통독의 방법을 스마트폰용 메신저 등으로 설명해 스스로 읽도록 돕는다.

내가 섬기고 있는 레제나하우스는 비영리 선교단체로 성경통독 사역을 하고 있다. '레제나'는 레위인, 제사장, 나실인의 앞 글자만 뽑아 '구별된 성도'의 별칭으로 사용하고 있으며, 성경통독 세미나가 주요 사역이다. 또한 오프라인과 온라인을 통해 성경통독을 돕기 위한 다양한 사역들을 진행하고 있다. 이런 성경통독 사역이 새로운 종교개혁을 일으키는 바람이 되어 주님이 오실 때까지 멈추지 않고 전 세계로 퍼져나가길 바란다.

레제나하우스의 성경통독 프로그램에 참여했던 분이 2016년의 슬로건이기도 했던 '레제나의 새로운 종교개혁'에 대한 감동을 글로 보내주었다(2016년 5월 11일).

순종을 위한 성경읽기

마르틴 루터는 1483년 11월 10일 독일 동부 아이스레벤에서 광부의 아들로 태어나 1501년 에르푸르트대학교에 입학했다. 대학교 도서관에서 성경을 처음으로 읽어본 루터는 이렇게 말했다.

"그 책을 보게 되어 매우 기뻤다. 그리고 언젠가는 나도 그런 책을 하나 갖게 될 만큼 복 받은 사람이 되고 싶었다."

1517년 10월 31일, 그는 재정적, 교리적, 종교적으로 면죄부를 오용하는 것에 대해 교회를 고발하는 95개 조항을 작성했다. 그가 그토록 가지고 싶었던 라틴어 성경 한 권이 가져온 결과는 인류의 역사를 바꾸는 놀라운 일로 드러났다. 그 일은 성경을 읽는 것에서 시작되었다.

성경읽기는 사실 가장 쉬운 일이다. 그럼에도 가장 어려운 일이 되어 버렸다. 대한민국 사람이라면 한국어를 모르지 않을 테고, 성경은 어딜 가나 쌓여 있는데, 그 성경을 읽지 않는다.

내가 이를 때까지 읽는 것과 권하는 것과 가르치는 것에 전념하라
Until I come, devote yourself to the public reading of Scripture, to preaching and to teaching 딤전 4:13

"Public Reading of Scripture!" 바울이 공동체에게 부탁한 내용이다. 보편적으로 권하는 것(preaching)과 가르치는 것(teaching)은 공동체에서 잘 이루어지지만, 읽는 것(reading)은 좀처럼 잘 되지 않는다. 나도 마찬가지였다. 그동안 내 신앙생활의 1순위로 자리잡아왔던 성경공부와 연구, 성경암송, 필사에 성경읽기는 늘 밀려났다.

그런데 어느 날 내게 성경 100독의 기회가 주어졌다. 한 세미나를 통해 성경을 읽는 것에 미친 듯이 주력했지만, 그 결과는 기대에 못 미쳤다. 아이들과 수업을 하면서도 어떤 교재가 잘 만들어졌다고 해서 그 오류에 빠지지 말자고 늘 당부했다. 그런 교재를 본 사람들은 흔히 잘 알고 있다고 착각한다. 그러나 잘 만들어진 만큼 눈의 속임수에 속기 쉽다.

한 번은 그런 책을 보고 그것을 노트에 따라 그리기 시작했고, 대충 훑어보는 오류에서 벗어나고자 수원에서 한 형제와 더불어 일 년간 씨름했다. 하지만 내게 남겨진 것은 모래 위에 세운 집과 같은 것이었다. 반석 위에 든든한 집을 세우고 싶었던 내 오랜 소원은 2016년 예통(예스 통독 세미나)을 만나면서 이루어지고 있다.

종교개혁 후 500년이 되는 2017년은 역사학자들도 굉장히 주목하는 해이다. 그 해를 목전에 둔 2016년, 내가 할 가장 위대한(?) 일은 로마서와 시가서를 1,200독 하는 것이다. 새로운 종교개혁을 일으키고 있는 조상연 목사님과 더불어 수업을 하면서 내게 거룩한 바람이 불고 있다. 24시간 주님을 바라보는 영성일기와 매일 말씀에 몰두하는 성경읽기는 내 인생을 바꾸는 키워드인 게 분명하다.

2016년에 현명한 동역자가 내 다이어리에 써준 '2016년 말씀대로 다 이루어지는 축복의 해!'라는 말은 사실 기도하는 사람은 다 아는 것이다. 나는 무엇 하나 제대로 이룬 게 없는 허당이지만 말씀에 관해서는 독종이라고 생각한다. 뜻한 바가 있으니 이루실 그분의 섭리에 모든 주권을 위임한다.

이제는 오로지 순종하기 위해 성경을 읽는다. 내 뜻대로 살아온 인생의 절반은 이 모양이었지만, 남은 인생이라도 제대로 살고 싶어서 성경을 읽는다. 내 안에 일어난 종교개혁, 그 거룩한 바람을 잡으려 하지 않고 바람을 일으키는 자가 되겠다.

위의 내용 중에 가장 내 마음에 드는 한 줄은 성경읽기에 대한 목적이다.

"이제는 오로지 순종하기 위해서 성경을 읽는다."

그렇다. 처음에는 성경의 진리를 믿기 위해 읽고 배웠다면, 이제는 순종하기 위해 읽어야 한다. 순종은 지금 당장 십자가 위에서 죽는 것과 같은 전투적인 일만을 의미하지 않는다. 사실 순종은 아주 작은 일, 삶의 진동을 겨우 느낄 만한 사소한 것에서부터 시작되기 마련이다. 여기, 성경통독 프로그램을 통해 삶에서 새로운 변화를 경험한 사람들의 사소한 이야기들이 있다.

2015년 봄에 갓 대학을 졸업한 젊은 자매가 주로 중년 여성분들이 참여하는 성경통독 프로그램에 엄마와 함께 등록한 일이 있었다. 참으로 대견했다. 레제나 성경통독 프로그램 과정에는 성경통독 소감을 발표하는 시간이 있다. 발표 형식은 성경을 언제, 어디서, 어떻게 읽고 있는지와 읽으면서 변화된 내용을 5분 안에 나눈다. 아래는 그 자매가 발표한 내용이다.

말씀을 보는 눈이 열리다

매일 아침마다 성경을 읽고 있다. 처음에 예통을 시작할 때는 아침과 저녁 중 언제 해야 할지 갈팡질팡했는데, 이제는 말씀 읽는 시간이 자리를 잡아서 아침, 하루의 활동을 시작하기 전에 방에서 말씀을 읽는다. 분주한 삶에서 떨어져 나와 하나님 앞에 고요히 앉아 말씀을 묵상하는 것이 내 영혼의 마르지 않는 샘물이 됨을 깨달았다. 또 말씀이 꿀송이처럼 달다는 말에 공감하고 있다.

무엇보다 예통을 시작하면서 말씀을 보는 눈과 마음과 귀가 계속해서 열리고 있다. 모태신앙인 나는 어렸을 때부터 말씀을 읽었고, 또 하나님께 더 가까이 가고 싶은 마음을 품고 하와이 열방대학에서 선교훈련도 받고 왔다. 물론 그때도 하나님의 말씀을 읽으면서 은혜를 받았고, 말씀을 사모하는 마음을 가지고 있었다.

하지만 예통을 통해 매일 말씀을 읽으면서 새로운 경험을 하고 있다. 특히 예전에는 내 허물과 상처로 잘 보이지 않던 내 마음과 생각이 잘 보인다. 그리고 내 마음에 예수님으로부터 온 것이 아닌 것을 발견하게 되면 하나님께 고백하게 된다.

이전에는 문제나 고민이 생기면 혼자 앉아서 그 짐을 다 짊어지고 힘들어했는데, 이제는 바로 말씀을 읽게 된다. 진짜 신기하게도 내가 가지고 있는 고민이나 걱정에 대한 답이 하나님 말씀에 다 있다. 그리고 말씀을 읽은 후 삶에 적용할 때는 말씀이 계속 생각나고 묵상하게 된다. 이제는 내가 죽고 예수님으로 사는 삶의 기준이 생겼다.

이전에는 그냥 무심코 지나갔을 마음의 태도나 생각에 대해서도 하나님의 말씀에 어긋나는 것 같다는 생각이 들면 고개를 흔들며 '아니야, 정신 차려. 이건 아니지. 하나님이 보고 계셔'라고 생각하게 되었다. 다른 사람들에게는 이상해 보일 수도 있지만 보이지 않는 하나님이 언제나 나와 함께 계심을 고백하는 삶에 나타나는 재미난 현상이다.

하나님의 말씀을 읽고, 그 말씀대로 살아가려고 노력하는 지금도 취업, 배우자, 관계, 재정 등 여러 가지 영역에서 여전히 해결되지 않은 부분들이 있다. 하지만 그 영역들 가운데 전신갑주를 입고, 예수님 닮아가는 삶을 살아가보려고 부단히 노력중이다. 때로는 옛 자아가 불쑥 튀어나와서 나를 다시 끌어내리려고 하지만, 그때마다 예수님을 간절히 찾는다.

'예수님, 제 마음이 또 이래요. 제 생각이 또 저리로 가려고 해요. 붙잡아주세요.'

죄보다 먼저 달려가는 내 발과 입술과 눈을 예수님께 묶어두고 싶다. 내 멋대로 살려고 하면 삶이 엉망진창이 되지만, 나를 버리고 예수님의 길로 걸어가려고 하면 폭풍 속에서 고요함과 평안함을 찾게 된다. 그래서 나는 오늘도 하나님의 말씀을 읽고 묵상한다.

— 이영희, 예통 4기 1조

이 시대를 본받지 않고 젊은 청년이 부모와 성경을 읽고 말씀의 진리 안에서 살고자 애쓰는 모습이 참 보기 좋았다.

2016년 봄에는 성경통독 프로그램에 참여하면서 이를 자신이 출석하는 교회에 적용한 사례가 있었다.

하나님의 마음을 알아가는 통독

아침 6시를 성경 읽는 시간으로 정했다. 예통(예스 통독, 구속사 16주 과정)과 말통(말씀통독, 연대기 10주 과정), 그리고 우리 교회 자체 성경읽기 등 그날의 분량을 읽고, 관련 책들을 읽고 나면 딸기 이모티콘(완독 표시)으로 표시했다.

로마서 1000독을 하기로 작정하고, 하루에 10독을 목표로 짬이 날 때마다 로마서 쪽복음 성경을 가지고 다니면서 읽었고, 저녁 시간에는 더 집중해서 로마서를 읽고 들었다. 로마서 10독을 하려면 평균 4시간 정도가 소요된다. 속독듣기를 하면서 처음에는 번거롭고 알아듣기가 어려웠는데 1.4배속부터 조금씩 늘려가자 지금은 3배속 정도로 들어도 어느 정도 알아듣게 되었다. 언젠가는 신구약을 하루에 읽을 수 있는 실력자가 될 것을 기대한다.

예통 세미나 일정표에 따라 성경읽기를 하면서부터 여러 부분에 변화가 생겼다. 첫 번째는 아침 시간을 작정하여 일정한 시간에 성경을 읽게 되면서 분주한 아침 시간을 차분하게 보내게 되었다. 전에는 새벽기도를 마치면 이것저것 할 일이 생각나서 성경읽기를 뒤로 미루곤 했는데, 아예 작정을 하고 먼저 말씀을 대하니 생활이 안정되고 아침 시간도 모자라지 않는 신기한 경험을 했다.

두 번째는 성경읽기가 너무 재미있었다. 나는 무엇이든 깊이 파고드는 경향을 가지고 있다. 그래서 성경읽기보다는 성경공부에 많은 시간을 들였다. 거의 모든 성경공부 프로그램은 시간이 허락하는 대로 참여하려고 노력했고, 내용을 모르고 넘어가는 것이 허용이 안 되어서 늘 컴퓨터 앞에 앉아 찾고 또 찾아 산더미 같은 자료들을 모아놓고 흐뭇해하곤 했다. 또한 좋은 강의는 아예 녹취를 해서 저장하는 일을 수십 년간 해왔다. 이런 성경읽기는 생각을 하고 자료를 찾아가면서 진행해야 하기에 아주 고된 노동과 정신적 에너지가 소모되었다.

그런데 조상연 목사님의 성경통독 강의를 듣고 음성(성경 오디오)을 들으면서 성경을 읽으니 너무나 편안하고 쉬워서 성경읽기가 세상의 어떤 일보다 재미있었다. 그리고 더 놀라운 것은 아무 생각 없이 성경을 들으며 읽는데도 오히려 전보다 더 성경 읽는 것에 집중하게 되고 피곤함 없이 오랜 시간 동안 읽을 수 있게 되었다.

또 성령께서 마음에 감동을 주셔서 나도 모르게 눈물이 쏟아지는 은혜 가운데 말씀을 읽는 경험을 했다. 정말 성경이 '깨닫는' 책이 아니라 '듣는' 책이라는 것을 경험하며 살고 있다.

세 번째는 누군가에게 이것을 말해주고 싶은 강렬한 열망이 생겼다. 이렇게 쉬운 일을 대부분의 성도들이 어려운 일로 여기고 부담을 갖는 것에 안타까운 마음이 들었다. 그래서 교회에서 몇 주간 홍보를 한 후에 성경읽기 카톡(카카오톡) 회원을 모집했는데 35명이 모였다.

그래서 매일 새벽 6시에 카톡에 안내 멘트와 함께 하루 분량의 1.4배속 성경을 음원으로 올려주고, 밤 10시에는 세계 선교와 국가, 교회를 위한 기도제목을 올려주고, 가족과 자신을 위해 기도하는 시간을 정했다. 성도들이 너무나 열심히 참여하여 딸기를 올려주고, 음성을 들으면서 성경을 읽는 것이 재미있고, 자신이 성경을 읽는다는 사실이 뿌듯하고 감사하다며 너도나도 기뻐하는 모습을 보게 되어 행복하다.

아는 사람들에게 홍보하여 성경읽기반을 차차 늘려가려고 계획하고 있다. 조금 늦은 나이기는 하지만 하나님의 말씀과 함께 하루를 행복하고 보람 있게 보내게 해주시고, 하나님이 원하시는 일을 한 모퉁이나마 감당하게 해주신 하나님께 영광과 감사를 올려 드린다.

그리고 주님께서 허락하시는 남은 인생 동안 말씀을 읽어 하나님의 마음을 알아 말씀대로 살며, 이 복된 소식을 많은 사람들에게 알리며 함께하는 일에 충성하려고 한다.

— 최은혜, 예통 8기 9조

성경통독 프로그램(예통·말통 세미나) 과정 수료식 때 소감문을 발표한다. 2016년 봄에 예통 8기로 참여한 분의 소감을 소개한다.

완독의 기쁨과 감사

나는 현재 섬기고 있는 교회에서 2년 전 제자훈련을 받으며 처음으로 성경 일독을 했다. 그 이후로는 큐티 책으로 성경 구절을 읽고 약간의 묵상을 끄적거리는 것 외에는 특별히 말씀을 읽는 시간을 갖지 않았다. 정말이지 하루에 성경을 한 장도 읽기 힘든 사람이었다. 당연히 말씀에 대한 갈증이 있었고, 그럴 때마다 신앙서적들을 열심히 읽었다.

여러 해 동안 신앙서적만 읽다 보니 '이제는 성경으로 돌아가야겠다. 성경을 읽어야겠다'라는 생각이 강하게 들었다. 그래서 통독 세미나를 알아보던 중, 큰 언니를 통해 예스 통독 세미나를 알게 되었다.

나는 뭐든 꼼꼼하고 완성도 있게 하는 것을 좋아해서 성경도 정독하는 편이었다. 이해되지 않는 것들을 그냥 넘어가는 일이 거의 없었다. 그래서 처음 조상연 목사님의 강의를 들을 때는 참 불편했다. 그런데 한 주, 한 주 강의를 듣고 교재로 맥을 잡으며 오디오 성경을 이용해 읽는 일에 익숙해지기 시작했다.

귀로 들으며 동시에 눈으로 읽는 방법은 집중력을 훨씬 높여 주었고, 시간도 단축시켜주었다. 그러다보니 성경읽기가 예전보다 무척 쉬워졌고, 나도 얼마든지 성경을 읽고 이해할 수 있다는 사실에 자신감과 행복감이 밀려왔다.

말씀읽기와 더불어 소그룹 안에서 한 주간의 삶을 나누는 시간과 서로를 위해 매일 중보해주는 시간도 참 귀했다. 하나님 안에서의 교제와 서로를 위한 중보기도를 통해 주님 안에서 서로 지체됨이 어떤 것인지를 좀 더 배울 수 있는 시간이었다.

또한 늘 어렵게만 느껴졌던 선지서들을 어느 정도 이해하며 읽을 수 있게 된 것이 얼마나 감사한지 모른다. 창세기부터 요한계시록까지 완독한 일이 마치 길고 긴 여정을 마친 것 같은 느낌이 든다. 여정 가운데 어떤 구절들을 새롭게 만나게 하시고, 그 말씀 속에서 청량감 넘치는 생수를 마실 수 있도록 묵상의 은혜를 주신 것에 감사했다.

― 백주희, 예통 8기 5조

성경통독은 성경공부가 아니다. 물론 큐티도 아니다. 그럼에도 성경읽기를 통해 진리의 말씀을 깨닫고 삶의 현장에 적용하는 사례가 점점 많아지고 있다. 성경통독을 통한 새로운 종교개혁은 교회의 업적을 세우는 어떤 프로그램이 아니라, 성도들의 개인적 삶의 변화이자 인생개혁이다.

03

성경적인 종교개혁

하나님께서 창조하신 사람들, 우리에게는 성경을 꼭 읽어야 하는 궁극적인 이유가 분명히 있다. 그래서 성경이 세계 최고의 베스트셀러가 된 것인지도 모르겠다. 가장 많이 팔린 책이면서 가장 안 읽히고 있는 책이기도 하지만, 어쨌든 동서고금을 막론하고 성경은 누구나 한 번쯤 읽어봐야 한다고 생각한다.

그러다보니 하나님을 믿지 않고 교회에 출석하지 않음에도 성경을 읽는 사람이 생긴다. 많은 사람들이 하나님께서 성경을 기록하신 목적을 알지 못한 채 그저 읽는 것이다. 그러나 성경을 읽는 것도 중요하지만 성경의 기록 목적을 알고 읽는 것이 더욱 중요하다.

생명의 구원과 의의 순종을 가르치는 성경

성경을 읽을 때 성경의 기록 목적을 정확하게 알고 읽으면 큰 도움이 된다. 초대교회 당시에 사람들이 말하던 '성경'은 구약성경을 의미한다. 아직 신약성경이 기록되기 전이었기 때문이다. 우리는 구약성경이 기록된 목적을 디모데후서 3장에서 확인할 수 있다.

> 또 네가 어려서부터 성경을 알았나니 성경은 능히 너로 하여금 그리스도 예수 안에 있는 믿음으로 말미암아 구원에 이르는 지혜가 있게 하느니라 모든 성경은 하나님의 감동으로 된 것으로 교훈과 책망과 바르게 함과 의로 교육하기에 유익하니 이는 하나님의 사람으로 온전케 하며 모든 선한 일을 행하기에 온전케 하려 함이니라 딤후 3:15-17

그것은 믿음으로 말미암는 구원과 의의 교육으로 인한 순종을 알게 하기 위함이었다. 그렇다면 신약성경의 기록 목적은 무엇일까? 요한복음을 보자.

> 오직 이것을 기록함은 너희로 예수께서 하나님의 아들 그리스도이심을 믿게 하려 함이요 또 너희로 믿고 그 이름을 힘입어 생명을 얻게 하려 함이니라
> 요 20:31

> 내가 온 것은 양으로 생명을 얻게 하고 더 풍성히 얻게 하려는 것이라
> 요 10:10

요한은 복음서를 기록한 목적이 우리로 생명을 얻으며, 더 풍성히 얻게 하기 위함에 있다고 말한다. 여기서 '더 풍성히 얻는다'는 것이 어떤 의미를 가지고 있는지에 대해서는 해석의 차이가 있겠지만, 구약성경과 신약성경의 기록 목적이 구원과 풍성한 생명을 얻게 하고, 하나님의 사람으로 온전케 하는 의의 순종을 교육하기 위함이라고 볼 수 있다.

기록된 성경의 목적은 어떻게 증명되는가

구체적인 성경의 기록 목적에 대해서는 로마서에서 그 근거를 찾아 볼 수 있다.

> 나의 복음과 예수 그리스도를 전파함은 영세 전부터 감추어졌다가 이제는 나타내신 바 되었으며 영원하신 하나님의 명을 따라 선지자들의 글로 말미암아 모든 민족으로 믿어 순종하게 하시려고 알게 하신 바 그 신비의 계시를 따라 된 것이니 롬 16:25,26

로마서는 복음의 핵심을 담고 있다. 이 로마서의 결론 부분에서 바울은, 믿어 순종케 하려고 하나님께서 선지자들의 글을 통해 계시하신 비밀이 알려져서 모든 민족이 예수를 믿어 하나님께 순종하게 된다고 했다.

믿어 순종하게 하는 선지자들의 글

그렇다면 첫째, 모든 민족으로 믿어 순종하게 하는 '선지자들의 글'은 무엇인가? 구약성경에 담긴 그 글들을 신약성경에서도 확인할 수 있다는 것이 놀랍다. 구약에 기록된 선지자들의 글은 분명한 목적을 갖고 있었다.

그 목적은 마태복음 1장 22절, 로마서 1장 2절, 히브리서 1장 1절과 요한계시록 10장 7절에 나타나며, 이들은 서로 연결고리를 가지고 있다. 그것은 예수 탄생으로 인한 구원의 성취가 성경에 미리 약속되었고, 여러 모양과 여러 부분으로 기록된 그것이 예수 그리스도께서 마지막 나팔소리와 함께 재림하심으로 완성된다는 것이다.

먼저, 우리가 잘 아는 마태복음 1장 21절은 "아들을 낳으리니 이름을 예수라 하라 이는 그가 자기 백성을 저희 죄에서 구원할 자"라는 말씀이다. 그리고 23절은 "보라 처녀가 잉태하여 아들을 낳을 것이요 그 이름을 임마누엘이라"라는 말씀으로, 이사야서 7장 14절의 말씀을 인용한 것이다. 그 사이에 끼어 있는 22절에는 "이 모든 일의 된 것은 주께서 선지자로 하신 말씀을 이루려 하심이니"라고 되어 있다.

선지자를 통해 이 말씀을 주신 하나님의 목적, 즉 구약에서 예수 그리스도를 이 땅에 보내겠다고 하셨던 하나님의 언약이 복음서를 통해 성취되는 것을 보여준다.

로마서 1장 2절은 이것이 '복음'이라고 설명한다. 즉, "이 복음은 하나님이 선지자들로 말미암아 그의 아들에 관하여 성경에 미리 약속하신 것"이다. 그리고 히브리서 1장 1절은 "옛적에 선지자들로 여러 부분과 여러 모양으로 우리 조상들에게 말씀하신 하나님이"라는 말씀으로, 하나님께서 66권의 여러 성경을 쓰신 목적이 여전히 한 가지로 모여짐을 밝힌다.

한 가지, 즉 예수 그리스도를 여러 모양으로 표현한 성경의 결론은 요한계시록에서 확인할 수 있다. "일곱째 천사가 소리 내는 날 그 나팔을 불게 될 때에 하나님의 비밀이 그 종 선지자들에게 전하신 복음과 같이 이루리라"(계 10:7). 마지막 나팔이 울릴 때 그리스도께서 강림하신다(살전 4:16,17).

이처럼 구약성경은 전체적으로 그리스도를 보내시겠다는 이야기로, 신약성경은 그 내용이 '복음'이라고 설명하고 있다. 이 복음의 분명한 목적은 '믿어 순종'하는 것이며, 결론적으로 하나님의 비밀이신 그리스도의 재림으로 완성된다는 이야기다.

믿어 순종하게 하는 성경의 구조

둘째로, 믿어 순종하게 하는 '성경의 구조'는 무엇인가? 십수 년 전에 로마서를 1000독한 적이 있다. 그때 나는 로마서가 무엇을 말하려는지 알게 되었다. 로마서는 성경 전체의 결론적인 핵심을 말하고 있었다. 그것은 '믿어 순종하게' 하는 것으로, 1장 5절과 16장 26절에 양괄식으로 기록되었다.

로마서 1000독은 내게 성경 전체의 결론인 복음을 꿰뚫어볼 수 있는 안경을 갖게 해주었다. 우리 몸의 눈은 시간이 지날수록 노환으로 점점 나빠진다. 그러나 성경을 보는 눈은 시간에 따라 변하는 것이 아니다. 저절로 좋아지지 않는다는 뜻이다. 1000독을 하면서 육신의 눈은 조금 나빠졌을지 몰라도 성경을 보는 영혼의 눈은 많이 좋아졌다.

더구나 로마서 1000독 이후에 바울서신까지 1000독을 하면서는 성경의 구조를 알게 되었다. 바울은 구약의 율법에 정통한 학자였다. 그는 구약의 율법적인 내용을 바울서신을 통해 복음적인 의미로 전환하고 있었다. 그렇기에 바울서신을 1000독을 하면서 구약의 율법적인 내용을 예수 그리스도의 복음적인 의미로 깨달을 수 있는 강력한 에너지를 얻게 되었다. 그 에너지를 가지고 다시 마태복음부터 요한계시록까지 1000독을 했다.

이렇게 로마서 1000독, 바울서신 1000독 그리고 신약성경 1000독을 하면서 성경통독이 얼마나 대단한 위력을 가지고 있는지를 발견했다. 성경공부와 큐티가 아닌 성경읽기만으로 성경에 대해 호소력 있는 말을 할 수 있게 되었다. 처음 성경을 읽을 때는 잘 몰랐지만 지속적으로 읽으면서 '성경을 읽으면 믿음이 생긴다'는 것을 깨달았다.

복음서의 내용은 구약의 언약이 성취된 구원을, 사도행전은 구원받은 성도가 사는 구원의 삶을, 로마서부터 유다서까지의 서신서 21권은 구원의 기준을 설명한 것이며, 요한계시록에서는 결론적인 구원의 완성을 담고 있었다. 나는 신약성경 1000독을 하면서 성경의 이런 전체 구조를 발견했다.

성경이 말하는 결론은 '복음', '구원', '순종'이라는 세 단어로 정리할 수 있다. 왜냐하면 구약의 율법은 결국 예수 그리스도를 믿으라는 이야기이고, 신약의 복음은 예수 그리스도로 살라는 이야기를 중심으로 기록되었기 때문이다.

믿어 순종하게 하는 성경의 결론

셋째로, 믿어 순종하게 하는 '성경의 결론'은 무엇인가? 성경의 주제에 대해 존 칼빈은 '하나님의 나라'라고 말했고, 마르틴 루터는 '예수 그리스도'라고 했다. 그렇다. 성도에게 결론적인 복음은 하나님의 나라에서 그리스도와 함께 왕 노릇 하는 것이다. 만왕의 왕이신 예수 그리스도께서 이 땅에 오셔서 섬기는(servant) 왕으로 계셨다.

성도는 왕 같은 제사장이다. 요한계시록에서 하나님은 성도를 나라와 제사장(계 1:6)으로 삼으셨다. 이는 제사장 나라와 거룩한 백성(출 19:6)을 의미한다. 나라와 제사장은 땅에서 왕 노릇 한다(계 5:10). 성도는 그리스도의 제사장이 되어 그리스도와 함께 천 년 동안 왕 노릇 하고(계 20:6), 그분의 나라가 임하면 세세토록 왕 노릇 하게 된다(계 22:5). 그러므로 나라와 제사장이 된 성도는 하나님나라에서 왕 같은 제사장이며(벧전 2:9), 하나님나라의 백성으로 하나님을 섬기는 복음의 제사장이다(롬 15:16).

모든 성경은 예수 그리스도를 하나님의 아들로 믿어 창조주 하나님께 순종하고자 하는 목적으로 기록되었다. 그러므로 왕 같은 제사장, 복음의 제사장인 성도는 하나님께서 성경을 기록하신 목적에 따라 성경을 읽어야 한다.

하나님께서 성경을 기록하신 목적이 구원과 순종에 있다는 설명은 성도가 성경을 읽어야 하는 실제적인 이유가 된다. 즉 성도는 예수를 믿어 하나님께 순종하게 하는 성경의 기록 목적이 삶의 현실로 구체화되도록 하기 위해 성경을 읽어야 한다. 성경읽기는 성경의 기록 목적을 내 삶의 현실로 바꾸는 거룩한 사역이다.

기록된 목적을 알고 시작하라

사람들이 성경을 읽는 이유는 다양하다. 어떤 사람은 일 년에 반드시 성경을 일독하겠다는 목표를 세워놓고 읽는다. 또 어떤 이들은 자기의 나이만큼 성경을 읽어보려고 한다.

이런 목표를 가지고 성경을 읽는 것은 참으로 좋은 성경읽기의 출발이다. 그러나 이것이 성경을 주신 하나님의 목적은 아니다. 일 년에 일독을 하라는 목적으로 성경을 기록하신 것은 아니기 때문이다. 우리가 성경을 읽으려는 이유가 하나님께서 성경을 읽히려는 목적과 같다면 참으로 복된 일일 것이다.

내게는 세 명의 자녀가 있다. 이 아이들은 어릴 때부터 성경을 많이 읽었는데, 나는 아이들에게 성경을 읽히기 위해 성경 1장을 읽으면 100원을 주었다. 하루에 10장을 읽으면 용돈을 1,000원 받게 된다. 나는 자녀에게 성경을 읽히기 위해 돈을 수단으로 사용했다. 그런데 아이들은 성경을 용돈을 받기 위한 수단으로 사용했다. 1,000원을 받기 위해 성경을 10장 읽은 것이다.

물론 지금은 그렇지 않지만, 나는 자녀들을 보면서 성경을 읽히려는 목적과 성경을 읽는 목적이 서로 다를 수 있다는 것을 알았다. 성경 1장과 용돈 100원이 등장하는 것은 동일하지만, 무엇이 수단이고 무엇이 목적인가 하는 것만이 서로 다르다는 점도 놀라웠다. 내게 수단이 아이에게는 목적이 되었고, 아이의 수단은 내게 목적이 되었다.

이와 비슷한 현상은 성도의 신앙생활에서도 종종 나타난다. 하나님은 '성경읽기'라는 수단을 통해 '하나님께 순종'이라는 목적을 이루려 하신다. 그런데 만일 성도가 이 목적을 분명히 가지고 있지 않으면, 그의 신앙생활은 잘 먹고 잘 살기 위한 것이 될 수 있다. 그리고 그 목적을 위한 수단으로의 성경읽기가 된다. 때로는 신앙생활의 체면과 약간의 자랑을 위해 단지 성경통독 횟수를 늘리려고 열심히 읽기도 한다.

성경을 읽으면 읽을수록 겸손한 주의 은혜가 드러나야 하는데, 이런 경우에는 성경을 읽을수록 교만한 자기 의가 드러난다. 그러므로 우리는 성경을 읽기 전에 '왜 성경을 읽어야 하는가?'에 대한 목적을 분명히 해야 한다. 또한 하나님께서 성경을 기록하신 목적에 대해서도 충분한 이해와 깨달음을 가져야 한다.

성경읽기와 순종의 상관관계

성경의 절반은 구원의 이야기이고, 나머지 절반은 순종의 이야기이다. 그러므로 이미 구원받은 성도는 순종에 초점을 두고 성경을 읽어야 한다. 이는 구원의 복음을 삶의 현장으로 이동시키는 것이다. 구원을 등한시 하면서 읽으라는 것이 아니다. 구원의 복음은 순종의 결과를 낳기 때문에, 균형 있는 성경읽기가 필요하다는 것이다.

성경의 결론인 왕 같은 제사장은 성경의 구조(구원, 구원의 삶, 구원의 완성)를 파악하면서 기록된 하나님의 말씀을 믿어 순종하는 삶을 살아야 한다. 이를 위해 성경읽기와 순종은 어떤 관련을 가지고 있는지, 성경읽기가 순종하는 삶에 어떤 영향을 주는지에 대해 자세히 알아보자.

영생의 복을 얻자

첫째로, 성경에 기록된 '영생의 복'으로 살기 위해 읽어야 한다.

이 예언의 말씀을 읽는 자와 듣는 자들과 그 가운데 기록한 것을 지키는 자들이 복이 있나니 때가 가까움이라 계 1:3

보라 내가 속히 오리니 이 책의 예언의 말씀을 지키는 자가 복이 있으리라 하더라 계 22:7

예수께서 가라사대 오히려 하나님의 말씀을 듣고 지키는 자가 복이 있느니라 눅 11:28

성경은 예수를 출생한 마리아보다 그분을 출생시킨 하나님의 말씀에 순종하는 것이 더 복되다고 말한다. 사람들은 복 받기를 참 좋아

한다. 그런데 성경이 언급하는 복을 살펴보면 사람들이 생각하는 것과는 아주 많이 다름을 알 수 있다.

성경이 말하는 복의 시작은 성경읽기이고, 마지막 종착지는 그 말씀을 지키는 순종이다. 성경이 말하는 본질적인 복은 무병장수(無病長壽)나 부자가 되는 것이 아니라 영생의 복, 구원의 복이다.

> 헐몬의 이슬이 시온의 산들에 내림 같도다 거기서 여호와께서 복을 명하셨으니 곧 영생이로다 시 133:3

그런데 영생의 복은 예수 그리스도께서 성취하신다고 요한복음에 기록되어 있다. 요한복음은 총 21장으로 구성되어 있는데, 1장에서 12장까지는 예수 그리스도의 공생애 사역 대부분의 기간의 기록이고, 13장부터 20장까지는 마지막 일주일이 채 안 되는 기간의 기록이다. 그중 요한복음 12장은 예수님의 생애가 거의 마감되는 부분으로, 마지막 50절에는 "나는 그의 명령이 영생인 줄 아노라"라고 기록되어 있다.

예수님은 하나님께 보내심을 받고 오신 분이다. 사람들을 구원하는 영생의 복을 명받고 세상에 오신 그리스도께서 그 명령을 수행하기 위해 십자가에 달리신다. 그러므로 우리는 성경에 기록된 영생의 복을 얻고, 그 복으로 살기 위해 성경을 읽어야 한다.

구원의 지혜를 얻자

둘째로, 성경에 기록된 '구원의 지혜'로 살기 위해 읽어야 한다.

또 네가 어려서부터 성경을 알았나니 성경은 능히 너로 하여금 그리스도
예수 안에 있는 믿음으로 말미암아 구원에 이르는 지혜가 있게 하느니라

딤후 3:15

하나님의 은혜로 구원을 얻은 사람들은 이제 구원의 삶을 살아야
한다. 구원과 구원의 삶은 동전의 양면과 같이 실상은 한 조각을 이
루어야 한다. 즉 우리가 구원을 얻어 하나님의 은혜로 살게 되면, 구
원의 지혜로 똑똑해져서 손해를 보더라도 하나님이 원하시는 결정을
하게 된다. 성경이 용서를 요구할 때 용서할 수 있는 것처럼 말이다.
내가 죽고 예수로 사는 것이 가장 지혜롭고 똑똑한 결정이다.

순종의 믿음을 얻자

셋째로, 성경에 기록된 '순종의 믿음'으로 살기 위해서 읽어야 한다.
신명기 28장에는 말씀에 순종하면 복을 주겠다는 메시지가 담겨 있
다. 그 복은 영생의 복, 구원의 복, 생명의 복으로, 본질적인 예수 그
리스도를 의미한다. 믿음으로 구원받은 사람은 예수로 사는 순종의
복을 누려야 한다.

이것이 최고의 복이다. 그런데 믿음이 없으면 순종이 발생하지 않
는다. "믿어 순종"(롬 1:5)하려면 결국 믿음이 있어야 하고, 그 믿음은

그리스도의 말씀을 들음을 통해 생긴다(롬 10:17).

옛날 광야교회 백성들은 애굽 땅에서 열 가지의 기적을 맛보고 출애굽했고, 하나님께서 가르신 홍해를 발로 밟고 건넜다. 그리고 광야에서 40년 동안 농사를 짓지 않았는데도 굶지 않았고, 의복도 헤어지지 않으며, 발이 부르트지도 않았다(신 8:4). 이런 엄청난 기적을 경험하면서 하나님이 어떤 분인지 알게 되었지만 그분을 믿지는 않았다(민 14:11, 22, 신 1:32).

그들은 결국 하나님의 진노를 받았다. 이유는 불순종 때문이었다. 불순종은 하나님을 믿지 않는 마음에서 일어났다. 이런 구약의 이야기를 신약성경의 히브리서는 아주 간단하게 서술한다.

> 또 하나님이 사십 년 동안 누구에게 노하셨느냐 그들의 시체가 광야에 엎드러진 범죄한 자들에게가 아니냐 또 하나님이 누구에게 맹세하사 그의 안식에 들어오지 못하리라 하셨느냐 곧 순종하지 아니하던 자들에게가 아니냐 이로 보건대 그들이 믿지 아니하므로 능히 들어가지 못한 것이라
>
> 히 3:17-19

성경의 기록 목적인 '믿어 순종'은 로마서에서 이론적으로 제시되었고, 그 실제적 사례는 광야시대에 나타났다. 그리고 광야 같은 세상을 살고 있는 오늘의 우리에게도 실제 현상으로 나타나고 있다. "믿어 순종하게 하나니"(to the obedience that comes from faith, 롬 1:5)라는 말씀은 믿음을 통해 순종이 오는 원리를 말한다.

광야시대 백성은 지식과 체험이 있다 해도 믿음이 없으면 순종하지 못한다는 것을 보여줬다. 그럼에도 하나님에 대한 지식과 신앙 체험만으로 순종할 수 있다고 착각하는 사람들이 있다. 믿음이 없으면 순종할 수 없다.

노름이나 도박 등으로 패가망신한 사람들의 이야기를 들은 적이 있다. 도박으로 가산을 탕진한 사람은 '이번에는 꼭 일확천금을 얻을 수 있다'고 자신 있게 말하며 돈을 빌리려 하지만, 그런 사람에게 돈을 빌려주는 친구는 많지 않다. 그 이유는 확률적 지식에 근거한다. 그러나 끝까지 돈을 빌려 도박을 하려는 사람은 확률적 지식보다 확신적 믿음에 근거한다. 도박하는 사람도 믿음이 없으면 도박을 못한다는 것이다.

이단에 빠지는 사람들은 잘못된 믿음에 근거한다. 잘못된 믿음이라도 믿음이 있으면 행동으로 옮기게 된다. 하나님의 말씀이 좋은 것이고, 사실이고, 진리이지만, 이것을 지식으로만 갖고 있으면 말씀대로 살아낼 수가 없다. 도박의 확신적 믿음을 가진 사람은 가산을 탕진해도 그 길을 간다.

하물며 성경이 말하는 분명한 약속에 대한 바른 믿음을 갖고 있다면, 풀무불과 사자 굴에 들어가도 승리할 수 있다. 다니엘이 죽을 줄 알면서도 사자 굴에 들어간 것은 하나님의 약속의 말씀을 믿었기 때문이다. 히브리서 11장에는 하나님을 믿었기 때문에 세상이 감당치 못한 사람들이 기록되어 있다. 그들이 가진 것은 능력이나 경험, 체험이 아니라 믿음이었다.

믿음의 주요 또 온전하게 하시는 이인 예수를 바라보자 히 12:2

Fix on Jesus. 우리의 눈을 예수께 고정하는 이유는 그분이 믿음의 주인이시고, 그분만이 믿음을 공급하실 수 있기 때문이다. 사람 몸에 꼭 필요한 비타민C는 몸 안에서 생성할 수 없기에 계속 섭취해주어야 한다. 이처럼 믿음은 사람의 노력으로 생성되는 물질이 아니다. 구원이 믿음의 은혜(엡 2:8,9)로 발생했듯이 순종 또한 믿음의 은혜(롬 1:5)로 나타난다. 그런데 우리를 믿음에 이르게 하시는 분은 하나님의 의이신 그리스도이시다. 그분은 우리를 '믿음에서 믿음으로' 이르게 하신다(롬 1:17). 이는 믿음으로 발생한 구원에서 순종에 이르게 하는 복음의 능력을 말한다.

순종을 하려면 믿음이 있어야 하는데, 믿음은 어떻게 생기는가? 믿음은 성경을 많이 공부하고 기도를 많이 한다고 생기는 것이 아니다. 이 믿음은 노름이나 도박 같은 자기 확신적 믿음이 아니며, 사이비 종교를 믿는 잘못된 믿음도 아니다. 하나님의 약속에 대한 믿음은 그분 자체를 믿는 믿음이다.

믿음은 영어로 '페이스'(faith), 충성은 영어로 '페이스풀'(faithful)이다. 즉 충성은 믿음이 꽉 찬 상태를 말한다. 예수가 꽉 찬 상태는 믿음이다. 그러므로 믿음은 예수 그리스도를 통해 공급되어진다.

그러므로 믿음은 들음에서 나며 들음은 그리스도의 말씀으로 말미암았느니라 롬 10:17

믿음이 공급되어지는 통로는 그리스도의 말씀이다. 현시대를 사는 우리는 민수기 백성들보다 하나님을 경험한 지식과 체험들이 부족하다. 그럼에도 어떻게 순종하면서 살 수 있는가? 바로, 믿음을 갖게 하는 그리스도의 말씀을 읽고 듣는 것이다.

그리스도의 말씀은 단순하게 그리스도에 대한 지식이나 교훈을 말하는 것이 아니다. 단순히 그분의 행적을 따르는 것도 아니다. 그분의 말씀은 그리스도의 생명이 움직이는 구속 역사의 진리로, 그리스도의 본질을 전하고, 드러내고, 알게 하는 구원의 복음이다.

이르시되 미련하고 선지자들이 말한 모든 것을 마음에 더디 믿는 자들이여 그리스도가 이런 고난을 받고 자기의 영광에 들어가야 할 것이 아니냐 하시고 이에 모세와 모든 선지자의 글로 시작하여 모든 성경에 쓴 바 자기에 관한 것을 자세히 설명하시니라 눅 24:25-27

또 이르시되 내가 너희와 함께 있을 때에 너희에게 말한 바 곧 모세의 율법과 선지자의 글과 시편에 나를 가리켜 기록된 모든 것이 이루어져야 하리라 한 말이 이것이라 하시고 이에 그들의 마음을 열어 성경을 깨닫게 하시고 또 이르시되 이같이 그리스도가 고난을 받고 제삼일에 죽은 자 가운데서 살아날 것과 또 그의 이름으로 죄 사함을 받게 하는 회개가 예루살렘에서 시작하여 모든 족속에게 전파될 것이 기록되었으니 너희는 이 모든 일의 증인이라 눅 24:44-48

그리스도의 말씀은 그리스도의 복음을 말한다. 우리는 그리스도의 생명을 전하고, 그리스도의 복음을 드러내면서 그들에게 구원과 구원의 삶과 구원의 완성을 알게 해야 한다. 죄에서 구원하는 그리스도의 풍성을 전하고, 임마누엘 구원의 삶을 살게 하는 비밀의 경륜을 드러내며, 구원의 완성이 있다는 것을 전해야 한다. 이처럼 구원의 역사에 대한 본질적인 핵심 진리를 들어야 예수 믿음이 생긴다.

성경읽기를 통해 순종할 수 있는 에너지가 공급된다. '순종'이란 뜻의 영어인 'obedience'의 어원은 라틴어 'obaudire'(오바우디레)이다. 여기서 라틴어 'ob'는 영어의 'obey'(복종하다), 라틴어 'audire'(아우디레)는 영어의 'listen'(듣는다)의 뜻으로 볼 수 있다(신 6:4). 한편, 잘 듣는다는 것은 자신의 욕망을 잠재우고 거슬림이나 막힘이 없이 잘 듣는 것이다.

우리가 존경하는 성경의 인물들은 모두 잘 듣는 자들이었다. 어떻게 하면 잘 들을 수 있을까? 그러기 위해 우리가 먼저 해야 할 일은 입을 닫고 귀를 여는 것이다. 다행히 귀가 열려 있다면, 그 귀에 그리스도의 말씀을 잘 담아 두는 은혜가 필요하다.

이 말을 너희 귀에 담아 두라 인자가 장차 사람들의 손에 넘겨지리라 하시되 그들이 이 말씀을 알지 못하니 이는 그들로 깨닫지 못하게 숨긴 바 되었음이라 또 그들은 이 말씀을 묻기도 두려워하더라 눅 9:44,45

성경읽기를 방해하는 세력

"당신은 성경을 읽는 데 일주일에 얼마간의 시간을 투자하십니까?"

1980년대 후반, 존 파이퍼 목사가 성도들에게 이 같은 설문을 했다. 그 결과 46퍼센트의 교인이 5분미만의 시간을 사용한다고 답했다. 약 37년이 지난 지금은 어떠한가! 내 생각엔 그때와 별반 다르지 않을 것이다. 왜 이렇게 성경읽기가 힘든 일이 되어버렸을까? 그 원인을 알면 성경읽기 전략을 세울 수 있을 것 같다.

성경공부와 설교, 큐티는 성경읽기와 패턴이 다르다. 성경은 구속역사의 진리를 설명하는 패턴으로 기록되어 있다. 그런데 이것을 임의로 재편집한다면 본질의 내용을 훼손시킬 수도 있다. 또는 다른 목적으로 설교나 성경공부나 큐티가 쓰일 수도 있다.

그러므로 성경 그대로 읽는 것이 본질에 가장 가깝다. 만약 성경이 기록된 목적을 읽는 자체에서 찾아낼 수 있다면, 그 성경읽기는 가장 큰 보화이자 획기적인 시간이 될 것이다. 설교를 하려면 설교자가 필요하고, 성경공부를 하려면 인도자가 필요하지만, 성경읽기는 언제든지 혼자서도 가능하다. 다만 성경이 잘 안 읽어지는 것이 문제다.

내가 이를 때까지 읽는 것과 권하는 것과 가르치는 것에 전념하라 딤전 4:13

디모데전서는 바울이 디모데에게 쓴 목회서신이다. 그러다보니 목회자에게 꼭 필요한 사항이 기록되어 있는데, 바울은 디모데에게 공적 성경읽기와 공적 설교, 공적 교육을 행하라고 한다. 이 세 가지 중에 오직 성경읽기만 공적(public)인 것에서 개인적(personal)인 것으로 넘어가 있다. 아직도 웬만한 교회들은 개인적 성경읽기를 하고 있다.

2016년 1월에 미국 시카고의 한 한인교회에서 성경통독 집회를 인도했다. 그때 공적인 설교읽기에 대해 도전했는데, 담임목사님이 곧바로 매주 수요일마다 한 시간씩 공적인 성경읽기를 하기로 선포하셨다. 참으로 감사한 은혜였다.

미국에서 돌아온 다음 달에는 규장출판사 전 직원을 대상으로 동일한 말씀을 전했다. 이번에도 규장 대표가 그 자리에서 매주 월요일마다 로마서 일독을 하기로 선언했다. 매주 한 주간의 첫 출근날인 월요일 아침부터 성경을 읽고 업무를 시작한다는 것은 참으로 복된 은혜가 아닐 수 없다.

공적인 성경읽기의 중요성은 중세시대에 확실히 드러났다. 중세시대란 약 500년경에서 1,500년경까지를 말한다. 거의 천 년의 중세시대는 일명 '암흑시대'로 불리기도 한다. 당시 유럽의 모든 사람은 신자였다. 하지만 가톨릭교회의 방침에 따라 성경을 읽을 수 없었고, 그러다보니 성경에 대해 잘 알지도 못했다.

그렇게 중세시대의 어두움이 깊어져 갈 때 성경의 진리를 아는 몇몇 신자들이 성경을 읽게 해달라고 교회에 청원했지만 묵살 당했다. 연옥설을 교육하고 면죄부를 판매하던 가톨릭교회의 비성경적 관행 때문이었다.

이처럼 성경을 읽지 못하게 하고 성경의 진리인 그리스도의 복음을 가르치지 않은 결과, 유럽은 영적 암흑기를 맞게 되었다. 중세는 성경을 못 읽게 하는 시대였지만, 지금은 성경을 못 읽는 시대가 되었다. 역사적 중세시대의 암흑은 지나갔지만, 개인적 중세시대의 암흑은 지속되고 있다.

사람들은 성경공부, 말씀암송, 큐티에 비해 성경읽기가 상대적으로 쉽다고 생각한다. 쉽긴 하지만 시간이 부족해서 못 읽는다는 것이다. 그러나 그렇게 생각하는 사람은 시간이 많아도 못 읽는다. 중세시대에서 보여주듯, 성경읽기는 악한 세력의 방해가 있는 영적 싸움이기 때문이다.

그런데 기도를 '영적 싸움의 무기'라고 말하는 사람도 성경읽기가 '영적 싸움의 본질'이라는 생각은 하지 못한다. 본질이 척박한 신앙의 땅에 심겨진 기도의 열매는 주의 영광을 꽃 피우는 것이 아니라 자기 욕심의 꽃을 피우게 된다.

그러나 성령이 밝히 말씀하시기를 후일에 어떤 사람들이 믿음에서 떠나 미혹하는 영과 귀신의 가르침을 따르리라 하셨으니 딤전 4:1

때가 이르리니 사람이 바른 교훈을 받지 아니하며 귀가 가려워서 자기의 사욕을 따를 스승을 많이 두고 또 그 귀를 진리에서 돌이켜 허탄한 이야기를 따르리라 딤후 4:3,4

성령은 후일, 즉 말세가 되면 악의 세력이 미혹의 영을 통해 사람들을 믿음에서 떠나게 할 것이라 말한다. 또한 진리를 듣지 못하게 하려고 귀를 돌이키게 할 것이다. 영적 싸움의 본질은 귀의 싸움이다. 무엇을 듣느냐에 따라 그것을 믿게 되기 때문이다.

이제는 지식의 문제가 아닌 믿음의 문제가 핵심이 되었다. 더 배우는 것이 중요한 것이 아니라 배운 만큼 살아내는 것이 중요하다. 그러나 믿음에서 떠나면 지식이 남아 있을지라도 믿음의 삶을 살아낼 수 없게 된다.

사람이 귀신의 가르침을 받으면 제일 먼저 귀가 진리에서 돌아선다. 중세시대 당시 루터는 성경을 읽다가 우리가 면죄부로 구원받는 것이 아니라 믿음으로 구원받는다는 것을 깨달았다. 성경을 읽으면 하나님의 말씀에 순종하는 것이 내 의지와 배짱으로 하는 것이 아니라 믿음으로 하는 것임을 깨닫게 된다. 믿음이 생기려면 진리의 말씀을 들어야 한다.

우리는 기도와 전도를 '사역'이라고 말하지만, 성경읽기를 사역처럼 하는 사람은 드물다. 각자 자기 편한 대로 읽으면 그만이라고 생각한다. 그러나 성경읽기는 영적 싸움이며 사역이다. 그렇기에 에베소 교회의 성경읽기는 공적인 일이었다. 구약의 교회에서도 절기 때마다 공적인 성경 낭독이 이루어졌다.

우리가 영적 전쟁에서 승리하려면 귀의 싸움에서 이겨야 한다. 악의 세력은 전략을 가지고 있다. 교회에도 전략이 필요하다. 조직적인 성경읽기 프로그램과 동시에 전략적인 기도가 꼭 필요하다.

성경읽기의 특성을 이해하라

성경읽기에 대한 도전을 받아 성경을 읽고자 하는 열망이 생겼다면, 그 다음 어떻게 읽어야 하는가에 대한 고민을 갖게 된다. 그러나 사실 성경읽기에서 방법은 그다지 중요하지 않다. 방법 없이 읽는 것이 가장 좋은 방법이다. 빨리 읽는 것도, 천천히 읽는 것도, 많이 읽는 것도 전혀 중요하지 않다. 이것은 사람의 특성에 따라 달라질 수 있다. 사람마다 자기가 좋아하는 방식이 다르기 때문이다.

성경읽기는 개인의 특성에 따라 좋은 방법을 선택하면 된다. 다른 사람이 요구하는 방식이 아니라 내가 읽고 싶은 방식이 가장 좋은 방법이다. 다만 성경의 특성이 있다는 것은 꼭 기억해야 한다. 내가 좋아하는 방식으로 읽는다고 성경이 깨달아지는 것은 아니다. 성경은 인간이 개발한 어떤 프로그램에 따라 이해되거나 해석되지 않는다는 말이다. 이는 성경을 믿지 못하는 사람의 특성 때문이다.

죄인의 특성은 남의 말은 물론이고 하나님의 말씀도 믿지 못하는 것이다. 광야시대 가나안을 정탐했던 열두 명 중에서 열 명이 가나안 땅을 주겠다는 하나님의 말씀을 믿지 못하고 불신앙을 고백했다. 그들은 가나안 거민이 네피림의 후손 아낙 자손으로 골리앗 같은 장수들인데 비해, 자신은 스스로 보기에도 메뚜기 같다고 했다. 그런데 단 두 명, 여호수아와 갈렙은 하나님의 말씀을 믿고 "그들은 우리의 먹이다"라며 신앙을 고백했다.

만일 곧 시험을 치를 학생들에게 미리 정답을 알려준다면 그들은 모두 100점을 받을 것이다. 답을 알고 있기 때문이다. 그런데 대부분이 빵점을 맞았다고 하자. 도대체 어떻게 그런 일이 생길 수 있을까!

그럼에도 이런 일이 우리 삶에 일어난다. 성경이 하나님의 약속을 통해 우리에게 답을 알려주었다. "그들은 너희의 먹이니, 그 땅에 들어가서 땅을 차지하라"는 약속의 말씀을 들려주었다. 그런데 그 말씀을 들은 열두 명 중에 열 명이 빵점을 맞았다.

그들이 우리의 먹이가 아니라 우리가 그들의 먹이라고 거꾸로 말한다. 머리가 나빴기 때문이 아니라 하나님의 말씀을 믿지 못했기 때문이다. 이것이 인간이 갖고 있는 죄의 특성이다. 정답의 지식을 알면서도 오답의 삶을 사는 인간의 특성이다.

성경의 특성은 내가 믿는 것이 아니라 믿게 만드는 하나님의 은혜가 필요하다는 데 있다. 사람은 자신의 지혜로 하나님을 알 수 있다고 착각한다. 물론 우리는 말씀을 읽을 때 지혜를 총동원해야 한다. 어떻게 읽으면 좋을지 생각하며 자신에게 적합한 방법을 활용해야 한다. 그러나 그 지혜의 방법 때문에 성경이 깨달아지는 것은 아니다. 전적인 하나님의 은혜가 아니면 우리는 하나님을 알 수 없다.

성경읽기 패턴을 따르라

또한 성경읽기에는 패턴이 있다. '일 년에 일독'이라는 목표를 정하고, 하나님께 순종하려는 목적을 향해 전진하는 성경읽기의 복병은 그동안 열정적으로 성과를 올려온 성경공부와 큐티이다.

성경읽기보다 상대적으로 잘 학습되고 훈련된 성경공부와 큐티가 발목을 잡는다. 성경을 읽다가 좀 난해한 구절이 나오면 읽기는 어디론가 떠나버리고 주석 등의 참고서적을 총동원한 성경연구 분위기로 전환된다. 또 어떤 날은 성경을 읽다가 너무 감동적이고 심오한 구절을 발견하면 읽기는 어디론가 떠나버리고 그 구절에 묶여 큐티하는 분위기로 바뀐다.

성경읽기는 이해가 안 되어도, 어려운 내용이 나와도 성경공부나 큐티처럼 읽으면 안 된다. 그 패턴이 성경공부나 큐티와 전혀 다르기 때문이다. 쉽게 말하면 읽기는 저자의 생각을 캐내오는 것이다. 저자가 자기의 생각을 책에 기록하는 것처럼, 성경에는 하나님의 생각과 마음과 뜻이 기록되어 있다.

성경의 배경지식과 연대적 지식보다 읽기를 통해 하나님의 마음과 생각을 느끼면서 읽는 것이 '감각적 성경읽기'다. 성경은 하나님의 감동으로 기록된 것이기에 감동을 느끼면서 읽으면 좋다.

감각적 성경읽기는 먼저, 기록된 하나님의 말씀을 '읽는' 것이다. 이는 글자에 담긴 마음을 읽어내는 방법이다. 한국어는 소리글자로, 소리를 그리면 글자가 된다. 기록된 하나님의 말씀에는 하나님의 마음과 계획과 뜻이 담겨 있다. 그러므로 성경의 글자(word)만 읽지 말고, 하나님의 마음(mind)을 읽어야 한다.

또한 기록된 하나님의 말씀을 '듣는' 것이다. 이는 소리로 전달되는 의미를 읽어내는 방법이다. 글자로 기록된 그림에는 소리가 담겨 있다. 그리고 그 소리를 내는 자의 뜻도 담겨 있다. 갓난아이가 "응애"라는 소리를 낼 때 그 소리에는 '배고프다'는 뜻이 담겨 있다. 하나님은 자기의 뜻을 성경문자의 소리에 담으셨다. 그래서 하나님의 음성은 그분의 뜻이다. 그러므로 성경의 소리만 듣지 말고(hearing), 성경의 의미를 들어야 한다(listening).

성경통독은 글자에 담긴 소리를 되새겨서 그 안에 담긴 의미를 꺼내는 작업이다. 성경통독은 하늘의 진리(그리스도의 생명, 구속사)를 추출하는 놀라운 시도이다. 그러므로 성경은 눈과 마음으로 읽고, 귀와 가슴으로 들어야 한다. 우리가 성경을 읽으려는 목적(마음)과 하나님이 성경을 읽히려는 목적(마음)이 같아야 한다.

ROMANS
Romans
ROMANS
Romans
ROMANS
ROMANS
Romans
ROMANS
ROMANS
Romans

2
PART

성경통독

종교개혁과 성경통독은 동전의 양면과 같아서 서로 분리될 수 없다. 성경적인 새로운 종교개혁은 성경의 기록 목적을 확인하고, 성경을 읽어야 하는 이유를 알게 한다. 그리고 성경을 읽지 못하는 이유를 발견해 성경을 읽도록 안내한다. 이로써 성경을 읽어야 하는 분명한 목적을 갖게 된다.

그러면 이제는 어떻게 성경을 읽어야 하는지에 대한 구체적인 방법을 알아볼 때다. 성경을 무작정 펼치기 전에 성경통독의 원리를 먼저 이해하면, 최소의 시간을 투자해 최대의 효과를 올릴 수 있다. 성경통독의 원리를 이해한 다음에는 성경의 구조를 파악해야 한다. 그러면 지도에 나와 있는 내용을 해독하는 독도법(讀圖法)의 원리를 터득한 것처럼 성경 전체를 한눈에 보면서 통독할 수 있다.

독도법은 지도를 보면서 자연의 상태와 인문 현상을 정확하게 판독하며, 지도를 보고 목적하는 산에 오르거나 미지의 지점을 찾아내는 기술이다. 이것은 목적하는 등산 계획의 성패를 좌우할 정도로 중요한 기술이므로, 산악인이라면 필수적으로 익혀두어야 한다.

이런 독도법은 산에 도착하기 전, 등산 계획을 세우는 단계에서부터 알아야 한다. 믿음으로 천성을 향해 가는 성도들에게도 독도법과 같은 통독법(通讀法)이 필요하다. 개인이나 단체가 성경통독 계획을 세울 때, 새로운 패러다임의 성경읽기 통독법을 숙지하는 것이 좋다. 독도법을 통해 지도를 보면서 미지의 세계를 여행하는 것처럼, 통독법을 통해 성경에 기록된 하늘의 세계를 품을 수 있다.

나는 이 책에서 새로운 통독원리와 성경구조를 제시해보았다. 새로운 통독원리는 성경을 어떻게 읽어야 하는지에 대한 방법론이자 성경이 가지고 있는 본질적 원칙론에 더 가깝다. 또한 성경구조는 성경 전체를 한눈에 볼 수 있는 구조적 성경읽기와 각 권의 의미를 깊이 있게 볼 수 있는 의미적 성경읽기로 구분되어 있다.

한국지도는 한국을 한눈에 볼 수 있고, 세계지도는 세계를 한눈에 볼 수 있다. 이 책이 제시하는 성경구조를 익혀 자유자재로 적용할 수 있다면 성경읽기에 새로운 활력소를 얻게 될 것이다.

01

새로운 패러다임의 성경읽기

독삼독(讀三讀)의 원리

성경통독에 들어가기 전, 익혀야 할 중요한 원리가 몇 가지 있다. 그중에 '독삼독의 원리'가 있다. 이는 성경을 세 번 읽을 경우, 먼저는 책의 내용을 파악하며 읽고, 그 다음엔 저자의 의도를 파악하면서 읽으며, 마지막으로는 독자의 자기 반응을 살피며 읽는 것이다.

성경이 말씀하는 내용의 의미는 구원, 구원의 삶, 구원의 완성이다. 성경의 궁극적 의도는 성경의 저자이신 하나님께서 독자인 내게 성령의 감동으로 하늘의 진리를 깨닫게 하여 그분께 순종하게 하려는 것이다.

그런데 성경을 열 번 넘게 읽어도 그 말씀을 삶에 제대로 적용하지 못하는 경우가 많다. 이는 독삼독의 원리 중 세 번째 읽기에 해당되는 것으로, 두 번째 읽기인 저자의 의도 파악은커녕 첫 번째 읽기인 내용 파악조차 쉽지 않아 일어나는 일이다.

일단 내용을 파악해야 의도를 알 수 있고 적용에 이르게 된다. 의도를 파악하지 못한 상태에서 말씀을 삶에 적용하려면 성경이 요구하는 삶의 적용이 아니라 독자의 마음에 드는 적용을 하게 된다. 그러나 그것은 하나님이 원하시는 삶의 적용과 다를 수 있다.

독삼독의 핵심은 먼저 성경 전체의 내용을 파악하면서 읽는 것이다. 성경 66권을 한 권의 책으로 보고 성경 전체가 말하려는 내용을 파악하면, 그 초점 아래서 성경 각 권이 이해된다. 예를 들어, 독삼독의 원리로 레위기를 읽어 보자.

레위기의 주요 내용은 '속죄'의 은혜를 받은 성도들이 이 세상에 사는 동안 정결한 삶을 살아야 한다는 '거룩'이지만, 더 중요한 의미로 '언약'을 다루고 있음을 깨닫게 된다.

레위기의 서론(1-10장)은 제사법을 다루고, 본론(11-25장)은 거룩법, 결론(26-27장)은 상벌법을 다룬다. 그런데 결론 부분에 이르면 모세의 율법이 아니라 아브라함과 세우신 언약이 전면에 등장하는 것을 발견하게 된다(레 26:42). 즉, 모세를 통해 주신 시내산 언약(레 26:46, 27:34)이 아니라 아브라함과 맺으신 언약을 통해 거룩해진다는 것이다.

그렇기 때문에 하나님의 백성이 율법을 저버리고 언약을 어겼을 때에도 하나님은 신실하게 언약을 지키셨다. 이처럼 시내산 언약은 아브라함 언약을 배경으로 삼는다.

하나님이 아브라함과 맺은 복, 씨, 땅의 언약이 성취되는 과정에서 시내산 언약은 하나님의 백성이 거룩하게 살아야 할 기준을 제시한다.

약속의 씨는 복과 땅의 중심이다. 눈에 보이는 약속의 씨는 이삭이고, 눈에 보이지 않는 약속의 씨는 그리스도이시다. 눈에 보이는 복은 세상만사의 형통이고, 눈에 보이지 않는 복은 영생이다. 즉, 약속된 그리스도를 통해 구원의 복을 받으면 약속의 땅에서 영생을 누리게 된다.

눈에 보이는 약속의 땅은 가나안이고, 눈에 보이지 않는 약속의 땅은 천국이다. 여호수아는 이스라엘 백성을 눈에 보이는 약속의 땅으로 인도하여 '안식'이라는 결론을 낸다. 사도 요한은 눈에 보이지 않는 약속의 땅에서 이루어질 완전한 안식이 새 하늘과 새 땅에서 주어진다고 결론 맺는다. 이처럼 성경 66권은 창세기로 출발하여 요한계시록에 도착할 때까지 하나님의 약속이 어떻게 성취되는지를 보여준다. 우리는 이러한 흐름을 파악하면서 성경을 읽어야 한다.

성경은 전체적으로 그리스도를 통한 하나님의 구원 역사를 담고 있다. 이를 구조적으로 정리하면, 서론은 구원의 역사, 본론은 구원의 생활, 결론은 구원의 완성으로 함축된다.

독삼독의 원리로 성경의 내용을 파악하면 그 안에 담긴 의미가 보인다. 성경의 내용이 구원이라면, 그 의미는 구원의 목적이다. 이는 창조의 목적을 구원의 목적과 연결시켜 독자의 반응을 일으킨다. 즉 독자들로 하여금 '하나님이 왜 나를 구원하셨는지'에 대해 묵상하게 만든다.

본문의 줄거리를 파악하라

성경을 처음 읽을 때는 본문의 줄거리가 무엇인지에 집중하며 읽어나간다. 성경공부를 하다 보면 인명이나 지명, 연대 등을 외우게 되는데, 그러면 성경이 너무 복잡하게 느껴진다. 그런데 성경을 한 권씩 통으로 다 읽고 나면 그 안에 담긴 내용은 의외로 간단하다는 걸 알게 된다.

성경의 핵심 내용은 인간의 불순종과 하나님께서 그 불순종의 문제를 어떻게 다루시는가에 대한 것이다. 이 외에는 별다른 것이 없다. 그렇다면 성경 각 권의 내용을 잘 파악할 수 있는 방법은 무엇일까? 성경을 한 권씩 통으로 빠르게 읽어나가는 것이다. 그러면서 그 안에 등장하는 인물과 사건, 배경과 분위기를 파악한다. 그리고 내용의 핵심, 즉 인간의 죄와 하나님의 거룩에 초점을 두고 읽는다.

인간이 어떻게 죄를 지으며(불순종), 하나님은 그 문제를 어떻게 해결하시는지, 어떻게 인간을 그 죄에서 해방시키고 거룩하게 하시는지 살펴본다. 이를 통해 인간이 저지르는 본질적 죄의 속성을 파악하고, 하나님의 본질적 거룩의 속성을 파악하며 읽는다.

독삼독의 첫 번째 읽기 : STORY - 관찰과 분석

1. **관찰분석** : 인물, 사건, 배경, 분위기 파악(지옥과 천국 열쇠)
2. **창조역사** : 땅의 역사 바벨탑, 인간의 죄(불순종의 사건)
3. **천국건설** : 하늘의 역사 생명탑, 하나님의 거룩(사건의 종결)

본문의 의미를 파악하라

두 번째 읽을 때는 성경 본문의 의미를 파악하며 읽어나간다. 이때 스스로에게 적절한 질문을 던지면 본문의 의미를 파악하는데 도움이 된다. 만일 우리가 하나님의 창조역사에 대해 이유 있는 질문을 하면 성경을 통해 하나님의 목적 있는 대답을 들을 수 있다. 독자의 이유 있는 질문에 성경은 만족할 만한 해답을 줄 수 있기 때문이다.

예를 들어, 창세기는 하나님이 천지를 창조하셨다고 기록하고 있지만 왜 창조하셨는지에 대한 기록은 찾아보기 힘들다. 그 질문에 대한 해답은 이사야서에 기록되어 있다.

대저 여호와께서 이같이 말씀하시되 하늘을 창조하신 이 그는 하나님이시니 그가 땅을 지으시고 그것을 만드셨으며 그것을 견고하게 하시되 혼돈하게 창조하지 아니하시고 사람이 거주하게 그것을 지으셨으니 나는 여호와라 나 외에 다른 이가 없느니라 나는 감추어진 곳과 캄캄한 땅에서 말하지 아니하였으며 야곱 자손에게 너희가 나를 혼돈 중에서 찾으라고 이르지 아니하였노라 나 여호와는 의를 말하고 정직한 것을 알리느니라

사 45:18,19

또한 왜 우리를 구원하셨는지에 대해서도 계속 질문을 던지며 성경을 읽어나가다 보면 곧 그 해답을 찾을 수 있다. 로마서는 믿음을 통해 얻는 구원의 목적이 하나님께 순종하며 살게 하려는 것이라는 복음의 핵심을 기록하고 있다.

그로 말미암아 우리가 은혜와 사도의 직분을 받아 그의 이름을 위하여 모든 이방인 중에서 믿어 순종하게 하나니 롬 1:5

이제는 나타내신 바 되었으며 영원하신 하나님의 명을 따라 선지자들의 글로 말미암아 모든 민족이 믿어 순종하게 하시려고 알게 하신 바 그 신비의 계시를 따라 된 것이니 이 복음으로 너희를 능히 견고하게 하실 롬 16:26

하나님이 왜 내 순종을 원하시는지에 대해 질문을 던지면 이사야서와 고린도전서 등에서 그 해답을 찾을 수 있다.

이 백성은 내가 나를 위하여 지었나니 나를 찬송하게 하려 함이니라
사 43:21

그런즉 너희가 먹든지 마시든지 무엇을 하든지 다 하나님의 영광을 위하여 하라 고전 10:31

순종은 하나님의 영광이며, 내가 죽고 예수로 살게 하는 구원의 완성이다. 이는 우리로 그리스도와 함께 왕 노릇 하게 하시려는 하나님의 은총임을 알게 된다. 성경은 처음부터 우리의 순종을 통해 예수님과 함께 살게 하려는 목적을 겨냥하고 출발한다(살전 5:9,10).

독자의 반응을 파악하라

세 번째 읽을 때는 독자의 자기반응을 파악하며 읽어나간다. 성경 읽기를 통해 성경의 핵심적인 내용과 그에 대한 이유와 목적을 찾게 되면 독자에게 반응이 일어난다.

'고난'을 가지고 한 번 살펴보자. 하나님은 나를 구원해주셨다. 하지만 구원받은 자로 세상에서 믿음을 가지고 살지라도 고난을 맞는다. 그런데 구원의 목적을 분명히 알면 세상을 이길 힘이 생긴다.

이 내용을 중심으로 사도 바울의 이야기를 보자. 바울은 구원받고 이방인의 사도로 부름을 받았다. 그 부르심을 따라 세계 여러 곳에서 전도하다가 아시아에 이르러서는 사형 선고를 받은 것과 같은 사망의 위험에 놓였다. 심한 고생으로 인해 살 소망까지 끊어질 정도였다. 그러나 그는 극심한 고난을 통해 하나님만 바라보는 믿음을 얻게 되었고, 환난을 만나 살 소망이 끊어진 다른 이들을 건지고 위로하는 사역을 감당할 수 있었다.

이사야는 어떤가? 그는 하나님께서 환난을 창조하셨다고 말한다(사 44:7). 그런데 살 소망까지 포기하게 하는 환난을 만드신 이유는 무엇일까? 환난은 인내를 낳고, 인내는 연단을 낳고, 연단은 소망을 이루게 되기 때문이다(롬 5:3). 로마서 5장은 세상의 환난은 천국에 대한 소망을 갖게 하며 예수로 살게 하는 소망이 된다는 해답을 제시한다. 구원의 소망을 향한 성도의 세상살이는 성도가 예수의 캐릭터로 변화하게 만든다. 구원의 완성에 소망을 두기 때문이다.

베드로전후서의 주제도 고난이다. 환난은 인생을 포기하게 만들기도 하지만, 믿음을 통해 역전의 삶을 살게 만들기도 한다. 고난을 통해 새 하늘과 새 땅을 바라보게 한다.

결국 하나님이 고난을 창조하신 이유는 구원의 소망을 위함이다. 예수님은 "너희가 세상에서 환난을 당하나 담대하라 내가 세상을 이겼노라"(요 16:33)라고 말씀하셨다. 세상을 이기는 이김은 바로 믿음이다(요일 5:4).

어린 자녀들이 감기에라도 걸리면 참 안타깝다. 병에 걸리지 않으면 참 좋겠지만, 인생살이가 어디 그런가? 그러니 감기에 걸리더라도 잘 이기게 해달라고 기도하며 약을 먹인다. 고난도 그런 것이다.

이처럼 우리가 하나님의 목적을 깨닫게 되면 성경의 결론에 도달할 수 있다. 단순한 성경읽기로 성숙한 적용에 도달하게 된다. 성경의 요구는 말씀을 개인적으로 적용하는 데서 그치는 것이 아니라 '내가 죽고 예수로 사는 것'이다. 억지가 아니라 마음으로부터 말씀대로 살아지는 적용은 하나님을 사랑할 때 가능하다.

독자가 원하는 설교, 성경공부, 큐티 등은 독자가 원하는 목적을 이루기 위함이다. 하지만 하나님이 원하시는 적용은 전혀 다를 수 있다. 하나님의 사랑은 독생자 예수 그리스도를 죽음에 내어주신 미친 사랑이다. 사랑이란 단어에는 '미쳤다'는 의미가 포함되어 있다. 미치지 않고는 사랑할 수 없기 때문이다. 우리가 하나님께 미쳐야 한다. 하나님의 말씀대로 살면 미쳤다는 소리를 듣게 된다.

하나님을 사랑한다는 것은 세상 사랑과 달리 하나님의 말씀에 순종하는 것이기에 그렇다. 하나님이 내게 미치셨다. 그러므로 나도 하나님을 미치도록 사랑해야 하고, 순종해야 한다. 그러지 않고서는 결론에 도달할 수 없다. 독자의 이유 있는 질문에 대해 성경이 제시하는 목적 있는 해답을 들었다면, 이제 독자는 이유 있는 그 삶을 살아야 한다.

독삼독의 세 번째 읽기 : HOW – 묵상과 적용

1. **믿음으로 구원받고 거룩한 삶** : 나죽예사 (나는 죽고 예수로 사는 삶)

2. **믿음으로 순종하는 경건한 삶** : 천국용사 (용서하고 사랑하며 사는 삶)

3. **통독으로 공급되는 믿음의 삶** : 성경 1000독 (믿음으로 순종하며 사는 삶)

성경을 읽는 다양한 방법들

책을 읽는 방법은 다양하다. 그중 몇 가지 방법들을 살펴보자.

> **독삼독(讀三讀)** : 세 번 반복해서 읽는 방식
>
> **미독(味讀)** : 책이나 문장을 충분히 음미하면서 읽는 방식
>
> **숙독(熟讀)** : 익숙하도록 뜻을 생각하며 자세히 읽는 방식
>
> **음독(音讀)** : 책이나 문장을 소리 내어 읽는 방식
>
> **정독(精讀)** : 뜻을 새겨가며 자세히 읽는 방식

정독은 다독(多讀)이나 속독(速讀)과 달리 글자와 낱말의 뜻을 하나하나 알아가며 자세히 읽는 것을 말한다. 정독의 장점은 책의 내용을 구체적으로 상상하며 판단할 수 있고, 머릿속에 글의 내용을 잘 정리정돈하며 읽을 수 있는 것이다.

- 어린이의 정독은 한 글자에서 한 단어로 출발한다. 그것이 익숙해지면 한 문장을 천천히 읽어나간다.
- 읽기가 숙달이 되면 점진적으로 속도감이 생긴다. 많이 읽을수록 정독은 개인차가 벌어진다.
- 책을 읽을 때 초등학생이 글자를 읽는다면 대학생은 의미를 읽어야한다.

속독은 이해와 기억에 몰두하지 않고 빠른 속도로 읽어내는 방식이다. 현실적으로 읽기에 있어서 일반 속도와 빠른 속도의 절대적 구분법은 없다. 대부분의 독자들이 속독에 쓰이는 기법(전체를 한 눈에 보는 방법 등)을 일부 사용하기 때문이다. 속독에서는 속도와 이해 간 균형을 맞추는 분석이 필요하며, 연습에 따라 속도를 개선할 수 있다. 빨리 읽으면서도 정독 같은 이해가 가능하다.

다독은 글이나 책을 많이 읽는 방식이다. 그리고 통독(通讀)은 책이나 글을 처음부터 끝까지 제목과 차례와 문단의 주제 등을 고려하여 내리 읽는 방식이다.

낱말 하나하나를 헤아리면서 읽는 정독이나 많은 책을 읽는 다독과 분명한 차이를 보인다. 보통 정독을 하기에 앞서 책의 내용을 먼저 이해하기 위해 눈으로만 본다거나, 서점에서 책을 고를 때 이용할 수 있는 읽기 방식이다. 그렇다고 대충 눈으로만 보는 것이 아니기에 다독과 정독을 통해 글 읽기에 익숙한 독자가 할 수 있다.

레제나하우스의 성경읽기

레제나하우스의 2배속 통독원리는 성우나 아나운서가 일반적인 속도로 읽는 정독 수준의 읽기를 두 배로 빠르게 읽어내는 방식이다. 레제나의 성경통독 2배속은 새로운 패러다임의 정독 훈련이다. 빠른 정독 훈련이란, 속독을 겸비한 통독을 이용해 다독하도록 하는 읽기 방식이다. 읽기 방식을 사람의 걷기에 비유한다면 천천히 걷는 것은 정독이고, 빨리 걷는 것은 속독이다.

키가 작은 사람과 키가 큰 사람이 함께 길을 걸을 때, 키가 큰 사람이 천천히 걷는다 해도 키가 작은 사람이 그 걸음을 좇아가려면 빨리 걸어야 한다. 서로 속도를 맞추려면 키 작은 사람은 걷기에 바빠 걸으면서 대화하기가 벅찰 정도로 숨이 가쁠지도 모른다. 이처럼 정독과 속독은 상대적이다.

처음 2배속을 접하면 대부분의 사람은 키 작은 사람이 키 큰 사람의 걸음을 따라가는 것처럼 숨이 가쁠 것이다. 그러나 시간이 지날수록 키가 자라는 것처럼, 듣기도 계속 반복하면 같은 속도라도 천천히 들리면서 정독을 할 수 있게 된다. 이때부터 2배속은 키 작은 속독이 아니라 키 큰 정독이 된다.

처음엔 읽기 훈련, 그 다음엔 내용 파악을 위한 '소리 듣기 훈련'(히어링, hearing), 그리고 점진적으로 의미 파악을 위한 '의미 듣기 훈련'(리스닝, listening)을 한다. 빠른 정독훈련을 통해서 누구나 1000독을 할 수는 있지만, 그렇다고 아무나 할 수는 없다. 여기에는 하나님의 은혜가 필요하다.

영어 듣기 훈련을 할 때도, 처음에는 무조건 많이 듣는다. 그런데 성경을 읽을 때 2배속 빠른 정독훈련을 하면 영어보다 히어링이 빨리 이뤄져 약 1,2개월 동안 매일 1-3시간씩 훈련하면 소리가 제대로 들리기 시작한다. 4배속 훈련을 하게 되면 영어를 공부할 때보다 빠른 리스닝이 되어 약 3-5개월 동안 매일 3-5시간 훈련하면 그 의미가 들리기 시작한다.

훈련 속도가 빠른 사람은 하루에 1시간 정도만 읽어도 일주일이면 2배속이 들린다. 반복적으로 3개월 정도 들으면 같은 속도가 천천히 들리기 시작한다. 훈련이 안 된 다른 사람에게는 속독의 속도가 훈련받은 사람에게는 정독 수준이 된다.

계속적인 훈련으로 4배속이 들리게 되면 신약을 3시간에 일독할 수 있다. 또한 어느 정도 시간이 지나면 4배속도 또박또박 들린다. 우리 막내아들은 성경을 4배속으로 듣는다. 어릴수록 속도를 빨리 따라 간다.

성경읽기는 믿음을 충전한다. 머리로 충전하는 것이 아니라 귀에 담아 충전한다. 성경읽기는 귀의 싸움이다. 귀 있는 자는 성령이 교회들에게 하시는 말씀을 들으라고 한다. 우리에게 듣기를 요구한다. 이렇게 읽고 듣기만 해도 성경의 구조가 보인다. 또한 성경의 내용이 파악되고 그 의미가 느껴지면서 믿음 에너지가 충전되어 순종으로 사는 힘을 준다.

강원도 산골짜기 높은 산 위에는 큰 바람개비가 설치되어 있다. 바람이 불때마다 그 바람의 힘을 전기에너지로 전환하는 장치이다. 성경읽기의 속도감을 통해 더욱 강한 하나님의 말씀으로 충전되고, 그 충전된 말씀이 믿음 에너지로 전환되어 순종으로 살게 하는 놀라운 은혜가 주어진다.

새로운 영어학습법 vs 새로운 성경통독법

《도전! 성경 1000독》에서 소개한 '성경공부 vs 성경읽기'가 수학의 원리로 성경통독을 설명한 것이라면, '새로운 영어학습법 vs 새로운 성경통독법'은 영어의 원리로 성경통독에 접근한다.

결론을 먼저 말하면, 우리가 글을 읽으면 뇌에서 내용의 구조와 의미의 구조가 체계를 잡는다. 베스트셀러였던 《일만 시간의 법칙》에 보면 특정 분야에서 성공하고 싶다면 하루에 3시간씩 10년을 노력하면 그 분야에서 최고가 될 수 있다는 내용이 나온다. 이렇게 되려면 초심을 잃지 말고 끝까지 해야 한다.

물론 쉬운 일이 아니다. 어떤 일을 꾸준하게 하려면 처음에는 도전 정신으로 시작했다 해도, 점진적으로는 그 일을 좋아하고 사랑해서 행복해져야 한다. 그러므로 행복자가 성공자이다.

피아노 치는 것을 좋아하는 선배 목사의 아들이 연세대 작곡과에 입학했다. 그 비결을 물었더니 매일 피아노를 치고 공휴일이나 방학이 되면 하루에 10시간 이상씩 쳤다고 했다. 정말 그게 합격의 비결인지 궁금해서 대학에서 피아노를 가르치는 지인에게 물었다. 지인은 하루에 10시간의 연습은 필요하다고 대답했다. 피아노 치는 일에 미치지 않는다면, 어떻게 매일 10시간씩 칠 수 있을까.

내 친구 중에 축구로 선교하는 태국 선교사가 있다. 축구묘기로 기네스북에 오르기도 했던 그의 사역은 2010년에 제작된 〈소명2, 모겐족의 월드컵〉이라는 영화를 통해 알려졌다.

그는 태국에서 축구로 선교하고, 나는 국내외에서 성경통독으로 사역하느라 바빠서 만나지 못하다가 얼마 전 약 20년 만에 만났다. 오랜만에 만나서 이런저런 대화를 나누다가 내가 "도대체 공을 얼마나 찬 거야?"라고 물었다. 그는 "하루에 약 10시간 정도"라고 대답했다.

나는 반색하며 말했다.

"그래? 나도 하루에 10시간씩 성경을 읽었는데!"

나는 이때까지도 일만 시간의 법칙을 몰랐다. 물론 일만 시간의 법칙 때문에 성경을 매일 10시간씩 읽은 것은 아니다. 그런데 수년 동안 성경을 읽으면서 어느 시기가 되면 성경읽기가 성경공부의 속도를 앞서가기 시작한다는 것을 알았다.

내 경우에 그 분기점은 약 일만 시간이 지나면서 나타났다. 하루에 10시간씩 꼬박 3년을 성경만 읽었다. 그때는 정말 성경 읽는 것 외에는 아무것도 하지 않았다. 그 분기점은 강의에서 나타났다. 그 전에는 성경을 설명하는 내용이 많이 부족했다.

그런데 성경을 끊임없이 읽자 성경을 읽기만 했는데도 곧바로 그 내용의 의미와 책의 구조를 설명할 수 있게 되었다. 물론 신학교나 선교기관에서 배운 성경공부의 형태와는 전혀 다른 접근이었다.

그러던 중 누군가의 블로그에서 영어를 공부하지 않고 읽기만 해도 뇌에서 문법의 구조체계를 잡는다는 내용을 접하게 되었다. 이 내용은 간접적이지만 내 성경통독법을 학문적 논리로 입증해주었다.

오래 전에 고려대학교 교수이며 고등학교 교과서 집필진이었던 어도선 교수의 세미나가 있었다. 어 교수는 영어공부에 대한 기존학습 방법의 단점을 지적하고 새로운 영어학습법을 소개했다. 그때 그가 결론으로 제시한 것은 '다독 프로그램'이었다.

이는 쉬운 동화책을 하나 정해서 소리 내어 계속 읽는 것이다. 그러면 영어에 대한 원리를 스스로 깨치게 되고, 문법을 배우지 않아도 문법 체계가 생겨난다는 주장이었다. 또한 원서는 정보 습득용이 아니라 스토리가 있는 동화 등을 고르라고 했다. 마지막으로는 영어는 영어로 배워야 하며, 그것을 소리 내서 읽어야 한다고 강조했다.

곽세운 씨는 《큰소리 영어학습법》에서 쉬운 영어원서를 큰소리로 읽으라고 말한다. 하루에 3시간 정도를 투자하면, 빠르면 6개월 정도에 말문이 트이고 뇌 속에서 영문법이 체계를 잡는다고 한다. 큰소리 영어학습법의 한 사례는 실로 놀랍다. 영어뿐 아니라 일본어에도 적용한 것이다.

"취직을 한 나는 일어를 해야 했다. 동료들은 학원을 다니며 일어를 배웠지만 일본어 학원의 진도가 너무 느렸다. 무작정 일본어 책과 듣기 테이프를 사서 문법은 무시하고 하루에 서너 시간씩 3개월가량 큰소리로 읽고 듣기에만 집중했다. 그러자 일 년 반 정도 학원에 다닌 직원들만큼 일본어를 할 수 있었다."

이것은 근거 없는 자신만의 경험담이 아니라 이미 미국에서 검증된 학습법이라고 한다.

이렇게 단기간에 반복적인 읽기를 통해 새로운 언어를 익히는 방법은 제2차 세계대전에 참전한 미국이 단기간에 통역병을 양성하던 프로그램인

ASTP에서 그 유래를 찾을 수 있다. 실제 이 방법은 3개월 안에 효과를 보았으며, 1950년대에는 '청각구도교수법'으로 발전해 획기적인 이론으로 인정받았다.

— 《큰소리 영어학습법》, 15,16쪽

곽세운 씨는 영어공인점수를 얻기 위해 영어성경을 목이 쉬도록 읽음으로 2개월 만에 큰 효과를 거두었다고 말한다. 정말 흥미롭지 않는가! 한국 영어교육의 보편적 상황에서는 수십 년간 영어를 공부한 사람이 간단한 영어회화를 하기도 어려운데 말이다.

1999년 7월 19일에 초판이 나와서 그해 10월까지 6쇄나 발행된 《영어공부 절대로 하지 마라》가 나온 지 벌써 17년이 흘렀다. 이 책은 여전히 새로운 방법으로 영어를 배우려는 사람들에게 아주 좋은 인사이트를 준다.

저자인 정찬용 씨는 자신의 공부 방법을 다섯 단계로 분류한다.

1단계가 끝나면 귀가 뚫린다. 2단계가 끝나면 어법을 깨친다. 3단계를 극복하면 그 언어가 하고 싶어진다. 4단계를 마치면 그 언어로 기록된 책을 사전 없이 읽게 된다. 5단계까지 다 마치면 그 나라의 문화까지도 상당 부분 이해하는 고급 수준에 도달하게 된다. 여기서 중요한 것은 '큰소리'와 '처음부터 끝까지'이다.

앞의 세 사람의 주장을 종합해보면 '새로운 성경통독법'의 내용과 같다. 내가 주장하는 새로운 성경통독법에서는 주석이나 신학 서적 등이 정보습득용이고, 성경 원문이 스토리에 해당된다.

창세기부터 요한계시록을 처음부터 끝까지 빠르게 읽으면 성경 전체의 초점을 파악할 수 있다. 이렇게 성경 원문의 스토리를 소리 내서 빠르게 읽고 듣게 되면 '새로운 성경통독법' 5단계에 이르게 된다.

1단계는 귀가 뚫리며 성경의 의미가 들린다. 2단계는 성경의 구조가 보인다. 3단계는 성경이 점점 재미있어진다. 4단계는 성경이 주석 없이 읽혀진다. 마지막으로 5단계는 하늘의 문화를 깨달아 세상에 그 문화를 전달하게 된다.

성경을 읽기만 해도 성경의 구조가 보이고, 말씀대로 살 수 있는 길이 열린다면, 한 번 도전해 볼만하지 않겠는가! 성경을 많이 공부하고도 성경의 미로에 빠지는 경우가 있다. 지식으로 배운 성경이 현실 세계에서 잘 실천되지 않기 때문이다.

성경은 하늘의 이야기를 하는 것이므로, 사람이 공부한다고 쉽게 알아지고 믿어지지 않는다. 그러므로 전적인 하나님의 은혜가 필요하다.

02

속청독하기

속독과 속청독의 원리

'속독'은 눈을 통해 정보를 뇌로 전달하는 것이고, '청독'은 귀를 통해 정보를 뇌로 전달하는 것이다. '속청독'은 눈과 귀를 동시에 사용해 정보를 뇌로 전달하는 원리다. 보통 사람이 일반적인 속도로 문자를 읽는 것을 '정독'이라 하고, '속독'은 빠르게 읽는 것을 말한다. 그러나 정독이나 속독 모두 소리 내서 읽기보다 눈으로 읽는 것이다.

성경은 하나님의 말씀을 눈으로 읽든지, 입으로 소리 내서 읽든지, 귀로 듣든지 복되다고 말한다(계 1:3). 물론 진리의 말씀을 어떤 방식으로 읽고 듣든 모두 '순종'으로 결론지어진다.

예수님이 구속 사역에 대해 말씀하실 때 제자들은 그 말씀을 이해하지도, 깨닫지도 못했다. 그러자 예수님은 일단 "이 말을 너희 귀에 담아 두라"(눅 9:44)라고 하셨다. 말씀을 귀에 담아 두려면 들어야 한다. 사람의 뇌는 눈이나 귀를 통해 정보를 얻는다.

레제나하우스에서 주관하는 '예스 통독 세미나'에 참여해 강의를 듣는 시각장애인 자매가 있다. 복스러운 귀를 가진 그녀의 요청으로 국립중앙도서관에서 《예스 통독》을 점자 및 음성 도서로 만들려고 출판사에 디지털 파일 납본 요청을 해왔다고 한다.

요즘은 눈으로 책읽기가 힘든 사람과 시각장애인들을 위해 청각으로 책을 읽을 수 있는 오디오북이 인기다. 이렇게 오디오북으로 책을 읽는 방법을 '청독'이라고 한다. 눈으로 빠르게 읽는 것이 '속독'이라면, 귀로 빠르게 듣는 것은 '속청'이다. 오디오북을 빠르게 들으면서 눈으로도 책을 따라 읽으면 '속청독'이 된다.

속청독으로 하루 만에 성경 일독

오래전 일이지만, 침례신학대학교에 학부과정 4년 동안 성경을 수백 번 읽은 전설적인 인물이 있었다. 젊은 시절에 그 선배에게 큰 도전을 받은 나는 계획을 세우고 성경읽기를 시작했다. 하루에 40장씩 읽어서 한 달에 일독을 한다는 목표였다. 워낙 책 읽는 속도가 느려서 하루에 4시간은 읽어야 40장을 읽어낼 수 있었다.

그런데 매일 4시간씩 읽는 것이 너무 힘들어서 오늘 분량을 읽고 나면 벌써 내일 읽을 것이 걱정되었고, 간신히 일독을 마치고는 중단해버렸다. 그 후 다시는 한 달에 일독 목표는 꿈도 꾸지 못했다.

목사가 된 후에도 여전히 성경 일독은 쉽지 않았다. 그러던 중 하나님의 은혜로 성경통독을 시작했는데, 어느 날 갑자기 하루에 성경 일독을 하고 싶은 마음이 생겼다. 한 달에 일독하기 힘들었던 때가 언제 지나가 버렸는지, 하루에 성경 일독을 하고 싶은 마음이 생긴 것이다.

사실 24시간 안에 성경을 일독한다는 것은 불가능에 가깝다. 불가능에 도전하려는 목표가 생긴 것이 아니라 그냥 그런 생각이 마음속에 밀려들어 왔다고 해야 옳을 것 같다. 그래서 2003년 여름부터 집중적으로 성경읽기를 시작했다. 그때는 지금처럼 mp3파일이 보편화되기 전이었다. 당시 기독교서점에 성경통독을 전문으로 하시는 목회자가 직접 녹음한 신구약 카세트테이프가 있었다.

처음에는 카세트테이프가 늘어질 때까지 듣고 또 들었다. 그러던 중 아나운서가 녹음해 50시간에 성경을 일독할 수 있도록 제작된 오디오CD를 mp3파일로 전환하여 듣게 되었다. 아날로그 방식에서 디지털 방식으로 전환되는 시대가 오면서 mp3파일을 통한 성경읽기도 아날로그에서 디지털 방식으로 전환되었다. 이때부터는 컴퓨터 프로그램을 통해 2배속으로 들을 수 있었다. 물론 처음부터 잘 들린 것은 아니다. 또한 2배속을 계속 들으면 언젠가는 잘 들리게 된다고 설명해주는 선생도 없었다.

그럼에도 불구하고 마음속에 밀려들어 온, 하루 일독에 대한 도전은 성경을 눈으로 빠르게 읽고 귀로 듣는 도전으로 바뀌게 되었다. 이해할 수 없을 정도로 빨리 듣는 성경이 하나도 지루하지 않고 도리어 재미있었다. 그때를 생각하면 참으로 감사하지 않을 수 없다.

50시간짜리 성경 일독 mp3파일을 2배속으로 들으면 25시간이면 일독이 가능했다. 4배속으로 들으면 약 12시간이면 가능했다. 눈으로 성경을 보면서 귀로 빠르게 듣는 속청독이 10배속에 이르면서 5시간에 일독하게 되었다. 물론 10배속은 눈으로 성경을 보지 않고 귀로만 들으면 성경 본문 찾기도 쉽지 않았다.

그렇지만 2배속 이상으로 로마서 1000독과 바울서신 1000독, 그리고 신약을 1000독 하면서 성경의 내용이 익숙해지자 10배속으로 들어도 상대적으로 잘 보이고 잘 들렸다. 어쨌든 하나님이 주신 은혜로 하루에 성경을 일독하게 되었고, 가끔씩 이 간증을 하곤 했다.

두뇌 회전을 돕는 속청 읽기

수년 전 통독 강의를 하는 어느 목회자를 만났는데, 책을 빠르게 읽는 것이 뇌를 활성화시켜 머리가 좋아진다는 논문을 쓴 일본 학자가 있다고 알려주었다. 그때는 그런 이야기에 별 관심도 없었고, 그의 이름도 몰랐다.

그렇게 세월이 흘렀고, 나는 실제로 경험한 이야기를 담아 《도전! 성경 1000독》을 쓰게 되었다. 놀랍게도 그 책을 읽은 많은 독자들이 2배속 이상의 속도로 성경을 읽고 싶다면서 구체적인 통독 방법을 알려달라고 요청해왔다. 그런데 딱히 도와줄 방법이 없었다. 궁리 끝에 기독 포털사이트인 갓피플에 성경 2배속 음성파일을 만들어주길 부탁했다. 음성파일만 갖고 있으면 속도를 조절하는 프로그램은 인터넷에서 무료로 얻을 수 있기 때문이다.

아직도 많은 분들이 성경을 그렇게 빨리 읽어서 어떻게 묵상하고 이해할 수 있는지 궁금해 한다. 영어읽기를 깊이 연구한 분들 중에 '새로운 영어학습법'으로 영어읽기를 가르치는 분들이 많다. 그들은 읽기만 해도 뇌에서 문법의 구조체계가 생긴다고 주장한다. 내 경우에도 성경을 소리로 듣고 눈으로 읽기만 했는데도 성경의 내용 구조와 의미 구조가 보이기 시작했다.

성경을 가르치는 것보다 성경을 읽히는 사역을 주로 하게 된 나는 속청에 대한 자료를 찾아보기로 했다. 그러다 수년 전에 우연히 들었던 일본학자 다나카 다카아키 박사의 속청 연구에 대해 알게 되었다. 그는 속청에 대해 정말 많은 연구를 한 학자다.

1945년 도쿄에서 태어나 고쿠가쿠인대학 법학과를 졸업하고, 똑똑한 두뇌 개발을 위한 회사까지 설립한 다나카 박사는 미국에서 연구를 시작한 속청에 관심을 갖게 되었다.

그는 1983년 '두뇌 회전이 빨라지는' 테이프 리코더가 미국에 있다는 정보를 얻었다. 그 정보 속에는 속청이 단순히 시간만 절약하는 것이 아니라 두뇌 회전도 빠르게 한다는 내용이 들어 있었다. 그는 두뇌개발을 위한 속청을 연구하는 연구소(SLII, Super Listening Institute International)에서 나이가 서로 다른 사람들을 2명씩 묶은 8개조 16명을 대상으로 임상실험을 실시했다.

그 결과 대부분의 사람들이 속청을 통해 두뇌회전이 빨라지는 결과를 보였다. 다나카 박사 자신도 4배속의 속청으로 시간 절약은 물론 여러 가지 효과를 얻었고, 실제로 두뇌 회전이 매우 빨라졌다고 고백했다.

나는 이런 정보가 전혀 없던 상태에서부터 성경을 빠르게 읽고 있었다. 그러면서 '두뇌 회전이 빨라졌다'는 용어는 사용하지 않았지만, 성경연구에 상당한 도움을 받았다.

세 자녀에게 성경을 암송시키고 빠르게 성경을 읽히면서는 두뇌 회전과 관련해 긍정적인 결과물도 얻었다. 그 효과는 둘째아이에게서 가장 두드러지게 나타났다. 초등학교를 만 5세에 입학하는 바람에 받아쓰기 시험에서 빵점만 받던 둘째아이가 당시 뉴질랜드에서 선교하고 있는 내게 국제전화를 걸어왔다. 받아쓰기 10문제 중 2개를 맞았다며 기쁨을 이기지 못해 전화를 한 것이었다.

둘째아이는 어릴 때부터 암송과 성경읽기를 했음에도 겨우 한글만 읽는 수준이어서 초등학교 수업을 따라가기 어려워했다. 초등학교 6년 과정을 마친 후에도 피아노학원 외에 다른 학원에 다녀본 적이 없다. 그런데 집과 교회에서 3년 동안 2-4배속으로 성경만 읽던 아이가 혼자 독학으로 고검과 대검에 합격했다. 그리고 중학교 3학년 나이에 서울에 있는 모 신학대학교에 합격하게 되었다. 하나님의 은혜로!

남보다 4년 일찍 대학에 입학한 아이가 F학점을 맞고 대학생활을 포기할까 봐 걱정이 많았는데, 감사하게도 평균 B학점을 받아왔다. 그리고 점점 실력이 늘더니 3학년 때는 A학점을 받아왔다.

지금은 미국에서 어학연수 중인데 약 일 년 만에 언어 소통에 자신감을 갖게 되었다. 둘째아이는 지금도 성경읽기와 암송을 잘하고 있다. 누가 강요하지도 않았는데 로마서를 14장까지 외웠다.

이런 사례들은 지극히 상대적이고 주관적이기에 모든 사람에게 똑같이 적용된다고 말할 수는 없다. 그러나 내가 속청을 연구한 학자와 임상 테스트를 통과한 사람들의 말이 꽤 설득력 있다고 받아들이는 것은 속청의 원리를 모르면서도 성경을 빠르게 읽으며 경험했던 내용과 상당히 일치하기 때문이다.

이보다 좀 더 객관적인 것은 학문적인 연구일 것이다. 속청에 대한 연구는 오래전부터 시작되었다. 미국에서는 1950년대 속청 연구를 시작해 1960년대 초에는 벨 텔레폰 중앙연구소 등에서 초기의 속청기가 시험 제작되었다.

그 후에 시라큐스대학의 사라 하 쇼오트(Srah H. Short) 박사의 연구와 미 육군의 실험에 의해 속청의 두뇌 개발 유효성이 입증되었다. 1975년에는 미국에서 최초의 실용 속청기가 개발되었지만, 조작이 어려워 대중화에 실패했다.

1980년대 초기에는 일본에서도 '국제 속청과학연구소'가 설립되어 손으로 속청 테이프를 제작하기도 했다. 특히 1983년 미국에서 만든 2배속 속청 테이프가 두뇌 개발에 효과를 보이자 3배속과 4배속은 보다 효과가 좋겠다는 생각에 연구는 지속되었다. 그렇지만 아날로그 방식으로는 음질이 좋지 않아 2.5배속 이상을 만들 수가 없었다.

1986년에는 음질이 조금 좋아지면서 디지털 방식의 테이프 리코더가 개발되었고, 점점 기술이 좋아지더니 1990년대에는 실용화 단계에 들어가갔다. 2000년대에 이르러서는 상상을 초월할 정도로 발전되어, 인터넷을 통해 무료버전을 다운받으면 누구나 사용할 수 있게 되었다. 스마트폰으로도 앱을 통해 속도를 조절하면서 빠르게 들을 수 있다. 물론 그 외에도 아주 많은 프로그램들이 개발되어 있다.

• 음성 배속 프로그램과 앱 사용법 •

성경을 음성파일(MP3)로 갖고 있으면 인터넷으로 배속 프로그램을 다운받아 사용할 수 있다. 일본에서 만든 〈Nave The BK - nvplayer ver 0.6.22 - Limited〉라는 배속 프로그램을 인터넷으로 무료로 다운받을 수 있다. 배속 조절이 가능하며 음질 또한 최상이다. 단지, Limited 버전이라 녹음은 안 된다. 인터넷에서 〈nvplayer〉 검색해서 〈nvplayer 0.6.22 Limitde.exe〉을 다운 받아 압축 풀고 실행하면 자동 실행된다.

〈nvplayer〉로 배속을 사용할 수 있는 방법은 profiles 폴더 안에 있는 〈rate. ini〉 파일을 열어서 배속을 적어준 후 저장을 하면 된다. 스마트폰으로도 Play 스토어에서 무료 〈Audipo〉 앱을 설치하면 4배속까지 속도조절이 가능하다. 물론 음성파일을 가지고 있어야 한다. 성경 음성파일이 없는 경우에는 스마트폰에서 〈갓피플성경〉 앱을 이용하면 된다. 배속 조절이 가능하며 성경 본문을 보면서 들을 수 있어서 더욱 좋다. 무료를 찾는다면 〈성경통독〉 앱을 이용하면 된다.

1986년에는 음질이 조금 좋아지면서 디지털 방식의 테이프 리코더가 개발되었다. 점점 기술이 좋아지면서 1990년대는 실용화 단계에 들어가서 2000년대인 지금은 상상을 초월할 정도로 발전되어, 위에서 언급한 것처럼 누구나 인터넷을 통해서 〈nvplayer〉 무료버전을 다운받아 사용할 수 있다.

스마트폰으로도 〈Audipo〉 앱을 다운 받아 속도를 조절하면서 빠르게 들을 수 있다. 〈갓피플성경〉, 〈성경통독〉 앱을 이용하면 성경음원을 들으면서 성경 본문을 쉽게 볼 수 있다. 물론 그 외에도 아주 많은 프로그램들이 개발되어 있으며 고급용은 유료로 판매되고 있다.

속청의 원리와 효과

속청의 원리는 사실 간단하다. 속청을 하게 되면 귀를 통해 들어오는 소리 정보를 빠르게 듣게 되고, 그 정보는 대뇌로 보내진다. 그때부터 대뇌는 귀로 전달된 정보를 처리하기 위해 최대한 노력한다.

이것이 바로 속청이 뇌의 회전력을 빠르게 하는 원리이다. 이 원리를 통해 두뇌가 개발되고 머리가 좋아진다고 말하는 것이다. 이제는 이 원리로 돈을 버는 사람들이 생겼다. 그러나 돈을 주고 배울 것까지는 없다. 속청의 원리만 알면 얼마든지 응용이 가능하기 때문이다.

1981년 의학 생리학 노벨상을 수상한 미국의 로저 스페리(Roger Sperry) 박사는 '좌우뇌 기능 분담설'을 주장했다. 사람의 뇌는 좌뇌와 우뇌로 크게 구분된다. 좌뇌와 우뇌는 상호보완적으로 기능하지만, 어느 정도는 독립적인 기능을 가지고 있다.

좌뇌는 기능상 '언어 뇌'로 논리적인 사고를 주로 다루고, 우뇌는 기능상 '이미지 뇌'로 직관적인 사고를 주로 다룬다. 외과의사이며 신경해부학자인 미국의 폴 브로카(Paul Broca)는 1861년 실어증 환자의 좌뇌에서 뇌 손상을 발견했다.

• 뇌의 구조와 작용 •

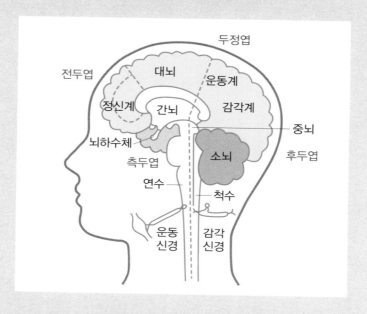

- 대뇌 : 기억, 추리, 판단, 감정 등 정신활동을 담당
- 소뇌 : 몸의 자세와 균형 유지
- 간뇌 : 체온, 혈당량, 삼투압을 조절하여 항상성 유지
- 중뇌 : 안구 운동, 홍채의 수축과 이완 조절
- 뇌하수체 : 내분비샘 조절
- 연수 : 호흡, 운동, 심장 박동, 소화 운동 조절, 기침, 재채기, 하품 등의 반사 중추
- 척수 : 흥분 전달 통로, 배뇨, 땀 분비, 무릎 반사의 중추

- 전두엽(앞면) : 지적기능으로 판단능력, 사고력
- 두정엽(가운데) : 감각기능으로 촉각, 고통, 신체자극, 공간능력
- 후두엽(뒷면) : 시각기능으로 시각적 정보 인식 및 정보 관할
- 측두엽(측면) : 청각기능으로 청각적 정보 인식 및 언어 이해

그로부터 10년 뒤에 독일의 신경학자 베르니케(Carl Wernicke)도 실어증 관련 부위를 좌뇌에서 발견했다. 1940년 일본 교토에서 태어난 동양의학자이며 서양의학자인 하루야마 시게오 박사는 좌뇌와 우뇌에 대해 좀 더 자세하게 설명하고 있다.

좌뇌에 이상이 생기면 말을 못한다. 좌뇌를 다친 사람에게 숟가락을 보여주면, 우뇌가 그것을 숟가락이라는 것을 인식하기는 해도 '이것은 숟가락이다'라고 말하지 못한다. 그러나 그림으로 그리라고 하면 정확하게 숟가락을 그린다. 이 실험을 통해서 우뇌에는 언어 구사 기능이 없고, 사물을 형상으로 인식한다는 사실을 알 수 있다. 반대로 우뇌를 다친 사람은 좌뇌에 이상만 없으면 언어를 상실하지 않는다. 그래서 숟가락을 보여주면 '숟가락'이라고 대답하지만 그림으로 그리라고 하면 뭐가 뭔지 알 수 없는 그림을 그린다.

좌뇌와 우뇌의 기능은 분명 다르다. 좌뇌를 발달시키면 논리력이 풍부해진다. 물론 우뇌를 발달시키면 직관력이 풍부해질 것이다. 속청독은 단순히 빨리 듣는 것만이 아니다. 눈과 귀로 빨리 들리는 소리의 내용과 의미를 정확하게 느끼고 판단하는 능력을 갖게 한다.

이는 좌뇌의 논리력과 우뇌의 직감적인 부분까지 최대한 향상시킨다. 나는 《도전! 성경 1000독》에 '잠들어 있는 성경을 깨우라'는 제목의 글을 썼는데, 이번 책에서는 '잠든 성경을 깨워 잠들어 있는 두뇌를 깨우라'고 쓰고 있다.

두 주먹을 합친 크기(1.3-1.5킬로그램)의 뇌 안에는 1조 개 이상의 뇌세포가 있고, 약 1,000-1,500억 개의 뉴런(신경세포)이 있다. 사람은 보통 뇌 신경세포를 3-10퍼센트 미만 정도만 사용하고 있다. 그러나 나머지 뇌 신경세포를 활성화시키는 방법이 있다.

속청독을 통해 잠들어 있는 약 90퍼센트의 뇌 신경세포를 흔들어 깨우는 것이다. 눈과 귀를 통해 빠르게 보고 듣기를 반복하면, 뇌는 본능적으로 이에 반응하기 때문에 뇌의 회전력은 상대적으로 빨라진다.

뇌가 본능적으로 반응한다는 사실은 2014년 10월 30일 양화진목요강좌에서 김대식 카이스트 교수가 '뇌, 나, 그리고 현실'이란 주제로 강연한 내용에서 찾을 수 있다. 김 교수는 2013년에 버클리대학에서 했던 실험을 공개했다.

실험 대상자가 컴퓨터로 비디오 게임을 하고 있으면, 게임 화면에 아주 짧은 시간(0.02~0.03초) 동안 랜덤으로 숫자들을 보여준다. 너무 짧은 시간 동안 보여주기 때문에 대상자는 화면에 숫자가 나타났다가 사라지는 상태를 전혀 인지하지 못한다. 그런데 대상자의 뇌파에서는 화면에 나타난 숫자를 본 반응이 나타난다. 내가 느끼지 못해도 뇌는 느낀다는 것이다.

나와 내 뇌가 일치하지 않는 재미있는 현상이다. 이런 식으로 계속 비디오 게임을 하는 화면 스크린에 랜덤으로 다양한 숫자를 뿌려 놓고 뇌파에서 나타나는 반응을 실험했다. 대부분 숫자에는 별 반응이 없었다. 그런데 가끔 어마어마하게 큰 반응을 보이는 숫자가 있었다. 그런 숫자를 4개 찾아냈는데, 알고 보니 이 실험에 응한 대상자들의 은행 계좌 비밀번호였다고 한다.

인간의 뇌는 참 놀랍다. 그리고 10년 이상 성경을 아주 빨리, 그리고 많이 귀로 듣고 눈으로 읽으면서 나도 모르게 성경의 구조 체계가 잡히고 내용의 의미까지 깨닫게 된 것이 바로 이런 뇌의 기능 때문이란 것을 어렴풋이 알게 되었다.

속청독의 유익

속청독의 일반적인 유익은 첫째, 시간이 절약된다. 실제 시간보다 빠르고 정확하게 알아듣게 되니 하루 24시간이 부족한 사람들에게 아주 좋은 시간 관리가 된다. 60분짜리 정보는 2배속으로 할 경우 30분 만에 들을 수 있다. 3시간짜리는 3배속으로 1시간이면 들을 수 있다. 학교 수업과 학원 강의 등을 녹음하여 2,3배속으로 다시 들으면 짧은 시간에 복습을 끝낼 수 있다.

둘째, 기억력을 향상시킨다. 정보는 시간이 지날수록 기억에서 지워진다. 그런데 기억에서 지워지기 전에 자주 반복하면 시간이 지날수록 오래 남는다.

앳킨슨과 쉬프린(Atkinson & Shiffrin)은 우리의 기억 체계가 여러 개의 기억 저장소로 구성되어 있다고 주장했다. 먼저 감각 기억은 시각을 통해 들어온 정보를 1초 동안, 청각을 통해 입력된 정보는 약 2초까지 유지한다. 감각적으로 기억된 정보는 단기기억저장소에 기억되고, 그 내용을 반복하면 짧게는 몇 분, 길게는 수십 년 동안 장기적으로 기억할 수 있다.

이와 같은 연구 내용에 신뢰성을 더해주는 헤르만 에빙하우스 (Hermann Ebbinghaus)의 망각곡선이론도 있다. 에빙하우스는 독일의 심리학자로서 독학으로 역사학, 언어학, 철학, 심리학을 연구했으며, 베를린대학, 브레슬라우대학, 할레대학 등에서 교수로 재직했다.

16년에 걸쳐 사람의 기억력을 연구했던 그에 따르면, 보통 사람의 경우 한 번 암기한 내용은 1시간이 지나면 50퍼센트, 하루가 지나면 70퍼센트, 3일이 지나면 80퍼센트 정도를 기억하지 못한다고 한다. 그래서 그는 어떻게 하면 더 오래 기억을 이어갈 수 있을지 실험했다. 그 핵심은 복습이었다.

한 번 공부한 것을 10분 뒤에 다시 익히면 하루 동안 지속됐고, 하루 뒤에 그 내용을 다시 공부하면 일주일간 잊어버리지 않았다. 그리고 다시 일주일 뒤에 복습하면 한 달을 기억했고, 한 달 뒤에 그 내용을 복습하면 6개월간 기억되었다. 즉, 짧은 시간에 여러 번 반복할 수 있는 속청독이 기억력 향상에 큰 도움을 줄 수 있다.

셋째, 집중력이 생긴다. 속청독은 보통 2배속 이상으로 빠르게 듣기 때문에 잡생각을 할 수 없고 소리와 글에 집중하게 된다. 처음에는 빠르게 들리지만 계속 들으면 점점 천천히 들리기 때문에 정확하게 듣고 의미까지 파악할 수 있다.

또한 자연스럽게 생긴 집중력으로 두뇌가 활성화 되어 다양한 분야의 처리 속도도 빨라진다. 특히 나이 드신 분들이 속청독을 하게 되면 점진적으로 집중력이 생기기 시작하고 활력도 되찾게 된다. 그리고 두뇌 발달 속도가 느린 학생들이 속청독을 하게 되면 집중력이 생겨 두뇌 발달에 도움이 된다.

그 외에도 다양한 효과가 있다. 두뇌 개발 방법에 속청독만 있는 것은 아니지만, 시간과 비용과 노력에 비해 상대적으로 큰 효과를 볼 수 있다. 남녀노소 누구나 연령 제한 없이 오디오를 듣는 작은 노력으로 큰 효과를 볼 수 있다는 장점도 있다. 또한 뇌를 활성화시켜 건망증과 치매 예방에 간접적인 효과를 보인다.

건망증과 치매는 어떤 차이가 있을까? 건망증은 스트레스와 노화로 인한 생리적 현상이지만, 치매는 알츠하이머나 혈관성 치매와 같은 뇌질환의 일종이다. 건망증은 스스로 기억력 감퇴를 인식하지만, 치매는 인식하지 못한다. 건망증은 힌트를 주면 기억을 해내지만, 치매는 힌트를 줘도 기억하지 못한다. 건망증은 일상생활에 지장이 없지만, 치매는 일상생활에 지장을 줄 뿐 아니라 집중적인 간호가 필요하다.

그러므로 건망증은 기억 능력에만 문제가 있을 뿐이지 다른 인지 능력에는 큰 어려움이 없어 일상생활에 크게 지장을 받지 않는다. 반면에 치매는 기억력 장애 외에도 공간지각력, 계산능력, 판단능력 등이 점차 떨어지게 된다.

치매질환은 뇌 손상에 의해 발생한다. 뇌 세포가 점자 파괴되면서 뇌 조직이 줄어들고, 뇌 기능이 차츰 떨어지는 알츠하이머병이 대표적이다. 치매는 관리하기가 매우 힘든 병이기에 이런 현상이 나타나지 않도록 예방하는 것이 가장 좋다.

80세의 노인이라도 평소 열심히 운동하고 관리하면 50세의 몸을 유지할 수 있다. 이와 마찬가지로 뇌도 나이가 들면 늙지만, 평소 올바른 뇌 활동을 통해 뇌의 건강을 유지할 수 있다. 운동을 통해 근육을 키워도 근육병에 걸릴 수 있다. 이처럼 뇌를 건강하게 돌봐도 알츠하이머라는 병에 걸릴 수 있다.

수년 전 아산병원 신경과 의사인 김종석 교수가 '뇌를 건강하게 잘 유지하는 방법. 뇌졸중, 치매에 대해 알아보자'라는 주제로 한 강연에서 이런 말을 했다.

"뇌 활동을 통해 뇌가 건강해서 뇌의 여분이 많으면 어쩔 수 없이 뇌병이 생겨도 나머지 뇌가 좋기 때문에 상대적으로 증상이 적게 나타난다."

몇 달 전 아내의 당뇨가 심해지면서 혈당 조절이 안 되어 대학병원에 진료를 받으러 갔다. 아내가 진료를 받는 동안 대기실에서 병원 모니터에 나오는 안내 방송을 보았다. 뇌 클리닉에 대한 정보였다. 두뇌 활동을 하게 하는 뇌 운동으로 잠든 것처럼 방치된 뇌 신경세포를 활성화시켜 건망증이나 치매 등의 질병을 예방하자는 것이었다.

그런데 이렇게 많은 정보들 속에서도 뇌 활동이 저조한 이유가 무엇일까? 예전에는 길 찾기, 전화번호 기억 등을 뇌가 담당했는데, 요즘은 스마트폰 등 다양한 전자기기들이 대신 해준다. 오죽하면 자기 전화번호도 못 외우는 사람이 허다하다고 한다. 정보는 많지만 뇌의 활성화가 저조하기 때문에 생기는 현상이다. 여러 가지 방법으로 뇌를 활성화시켜 뇌의 건강을 유지해야 이런 현상들을 예방할 수 있다.

다나카 다카아키 박사의 속칭 임상테스트 사례를 살펴보면 긍정적인 결과들이 많다. 짧은 기간에 영어 학습 실력이 향상되었고, 건망증과 치매의 불안에서 벗어났으며, 국가기능시험에 도움을 얻었고, 자기계발에 힘을 얻었으며, 새로운 사업을 구상하게 되었다고 한다. 또 새로운 삶을 발견하고 도전을 얻었으며, 많은 정보의 홍수 속에서 정보들을 빠르게 처리할 수 있게 되고, 방대한 자료들을 처리하는 능력이 생겼고, 시간 관리를 통해 여유 있는 삶을 누리며, 학습이 저조했던 학생들의 수업 태도와 성적이 향상된 것 등이 그것이다.

나는 성경을 많이 읽거나 빠르게 읽는다고 교회가 부흥하거나 머리가 좋아지거나 치매가 예방된다고 말하고 싶지는 않다. 그러나 그것 때문에라도 성경읽기를 시작할 수 있다면 다양한 근거를 제시해서라도 성경을 읽을 수 있도록 도움을 주고 싶을 뿐이다.

이르시되 너희가 너희 하나님 나 여호와의 말을 들어 순종하고 내가 보기에 의를 행하며 내 계명에 귀를 기울이며 내 모든 규례를 지키면 내가 애굽 사람에게 내린 모든 질병 중 하나도 너희에게 내리지 아니하리니 나는 너희를 치료하는 여호와임이라 출 15:26

성경을 읽는 목적은 내게 있지 않고 성경에 있다. 성경은 기록된 목적대로 읽어야 한다. 내 생각을 죽이고 하나님의 말씀에 순종하기 위해 읽어야 한다. 이런 목적으로 성경을 읽다가 머리가 좋아지거나 치매 예방의 효과까지 볼 수 있다면 일석삼조가 아닌가! 그렇다고 육신의 유익만을 위해 성경을 읽어서는 안 되고, 영혼의 유익을 위해 성경을 읽고 답을 찾는 과정을 가져야 한다.

속청독 통독과 성경암송 사례

한 자매는 고등학교 3학년 때 속청독으로 성경을 통독하고 암송하면서 원하는 대학에 입학했다. 그리고 대학을 졸업한 이후 입시보다 더 지독하다는 취업의 문도 열었다. 대기업보다 더 들어가기 힘들다는 곳에 인턴으로 뽑혔고, 이후 한 달 동안 이어지는 인턴 과정을 거치며 정식 직원으로 인정받게 되었다. 그녀가 2016년 9월 초에 내게 문자를 보내왔다.

"목사님, 기도해주시고 응원해주셔서 늘 감사드립니다. 실력이 뛰어난 친구들이 많아서 처음부터 기대도 안했는데 하나님이 붙여주시네요. 감사합니다."

다음은 이 자매의 1000독 간증이다.

하나님의 말씀의 정답대로 사는 사람

2007년 1월, 처음으로 죠이교회에서 예배를 드렸다. 처음 신앙생활을 시작한 것은 중학교 3학년 때 집에서 가까운 큰 교회에 다니면서 였다. 그리고, 이사와 동시에 어머니가 섬기고 계시던 이 교회로 오게 되었다. 처음에는 교회의 겉모습만 보고 그저 작은 교회라고만 생각했는데 1000독을 하고 조금 더 시간이 지나 어느 교회보다 크고 하나님의 뜻에 합당한 교회라는 생각이 들었다.

"내가 보는 것은 사람과 같지 아니하니 사람은 외모를 보거니와 나 여호와는 중심을 보느니라 하시더라"(삼상 16:7)라는 말씀에도 있듯이 겉모습만으로 하나님의 복된 교회를 판단했던 것은 참으로 어리고 어리석은 생각이었다.

하지만 내성적인 성격으로 인해 교회 사람들과 잘 적응하지 못했다. 친구라도 있었으면 좋은데, 또래친구도 없었다. 약간은 삐뚤어진(?) 교회 사람들과 교제하는 것이 지식적으로 아는 것은 있어서 하나님께서 원하시는 것이 아니라는 생각을 하면서도 잘 깨어지지 않았다.

설교 말씀에 대해 아는 것도 흥미도 없어서 설교시간에 많이 졸았다. 목사님의 설교는 너무나도 길게 느껴졌다. 그래도 나름대로 적어보겠다고 노트와 펜을 들었지만, 말씀이 귀에 들어오지 않아 조금 시간이 지나면 다시 꾸벅꾸벅 졸았다. 너무나도 힘들었다.

2008년 새해가 되었다. 그때 하나님께서 지루한 신앙생활을 전환할 기회를 주셨는데, 바로 예배 PPT 준비였다. 준비하시던 분이 다른 곳으로 파송되시는 바람에 내가 맡게 되었다. 그렇게 조금씩 마음이 열리고 적응을 할 때쯤, 하나님께서 요한일서 암송에 대한 비전을 주셨다. 처음에는 어머니 말씀에 순종하고, 교회 프로그램에 참여하기 위해 시작했다.

'수능일이 얼마 남지 않았는데 1000독에 암송까지?'

처음 시작할 때는 내 생각에도 이상했다. 미술대학에 진학하고 싶었기에 학교가 끝나면 바로 학원으로 가서 그림을 그리느라 지치고 피곤한

날이 대부분이었다. 그래서 얼마 동안은 말씀을 떠나 살기도 했다. 하지만 하나님께서 내 마음 가운데 계셨기 때문에 다시 한 번 기회를 주시고 인도해주셨다.

'하나님, 제가 이러이러한 상황 가운데서 하나님께 약속합니다. 2008년 6월 안에 요한일서 말씀을 암송하고, 하나님 말씀을 새기고 살아가기 원합니다. 하나님, 저를 책임져 주십시오. 하나님의 뜻이 저를 통해 이루어지기를 원합니다.'

다시 마음을 다잡고 mp3파일에 요한일서 파일을 담고 A4용지에 말씀을 인쇄하여 들고 다니면서 외웠다. 단어 외우는 것도 잘 못하던 내게 긴 문장으로 이루어진 요한일서는 너무나 어려웠다.

6월은 다가왔고, 마지막 장은 못 외운 상태였다. 그러나 너무나도 크신 하나님과 약속했기에 6월이 가기 전에 전권 암송을 마쳤다. 암송은 마쳤으니, 남은 것은 요한일서 1000독! 수능일 전까지 다 끝내야 하는데 시간이 너무 부족해서 하루에 15독씩 매일 채워나갔다. 요한일서를 한국어로도 듣고, 영어로도 들으며 암송한 말씀을 되새겼다. 아침에 학교 가는 길, 아침자습시간, 쉬는 시간, 자습시간, 학원에 가는 길, 버스나 지하철에서도 수능일까지 하나님의 은혜를 힘입어 1000독을 향해 나아갔다.

날씨가 점점 쌀쌀해지고 수능일이 다가왔다. 그날 아침에는 긴장도 되고 떨렸지만 마음은 너무나도 든든했다. 하나님께서 함께해주심을 믿었기 때문이다. 그리고 '이렇게 암송하고 1000독까지 했으니 원래 성적보다 점수가 더 많이 오르겠지?'라고 기대했다.

하지만 성적은 원래의 점수에서 크게 오르지 않았다. 수능성적표를 받고, 미술 실기고사까지도 치르고 나서, 그리고 원하던 학교에 합격하고 나서야 나는 알게 되었다.

'아, 내가 잘못 생각했구나. 하나님은 내가 생각했던 높은 점수가 아니라 하나님의 계획하심과 인도하심 대로 내게 가장 적절하고 가장 알맞은 것으로 주시는구나.'

1000독과 암송을 통해 하나님께서 주신 많은 은혜 중 하나는 세상의 관점(worldly point of view)이 아닌 하나님의 관점(heavenly point of view)에 대해 부족했던 내 모습을 조금이나마 깨닫게 되었다는 것이다.

세상에서의 성공과 하나님의 성공은 그 기준 자체가 다르다. 사람의 목적은 자신의 존재 이유를 발견하고, 하나님께서 주신 비전을 발견하는 것이다. 그러므로 하나님께서는 세상적으로 성공하는 사람보다 하나님 말씀의 정답대로 사는 사람을 사랑하시고 찾으신다.

03

성경읽기의 구조적 원리

성경에는 주제와 목적이 있고, 원리와 구조가 있다. 또한 전개되는 내용의 의미와 성경이 요구하는 결론적 적용이 있다. 성경통독의 방법은 여러 가지가 있지만 속청독의 원리로 성경통독을 시작할 수 있다. 그리고 시작하기 전에 전체적인 성경의 구조를 먼저 알고 있으면 성경읽기에 상당한 도움이 된다.

성경의 주제와 목적

성경의 주제는 예수 그리스도이시다. 그분을 설명하기 위해 시작된 단어가 문장과 글이 되며 한 권의 성경이 탄생되었다. 구약은 오실 예수 그리스도에 대해, 신약은 오신 예수 그리스도를 설명하고 있다. 결국 구약은 오실 예수 그리스도를 믿으라는 것이고, 신약은 오신 하나님의 아들 예수 그리스도를 믿으라는 것이다. 성경통독은 큰 그림의 퍼즐 조각을 맞추는 것과 같다. 성경 말씀을 통해서 '예수 그리스도'라는 큰 그림을 보면 쉽게 퍼즐 조각들을 맞출 수 있다.

성경의 목적은 사람들이 하나님의 은혜로 예수 그리스도를 믿어 구원받는 데 있다. 또한 구원받은 성도가 임마누엘로 오신 예수 그리스도를 주인으로 모시고 살게 하는 데 있다. 그러므로 성경의 목적은 하나님의 사람을 그분의 자녀로 변화시키고, 변화된 존재로 살게 하는 것이다. 우리는 성경을 통독할 때 성경 전체의 초점이 되시는 예수 그리스도를 기준으로 읽고 묵상하고 적용해야 한다. 성경의 내용 자체를 묵상하기보다 내용이 말하고 있는 본질적 초점, 예수 그리스도를 묵상하며, 그분을 주인으로 삼고 살아가는 것으로 적용해야 한다. 그러기 위해서는 성경 전체의 주제와 목적을 파악하고 읽어나가야 한다.

구약성경 : 오실 복음

오실 예수 그리스도에 대한 이야기로 복음을 약속한다.

신약성경 : 오신 복음

구약에서 약속된 복음이신 예수 그리스도께서 오신 이야기이다.

• 4복음서 : 구약의 예수 복음

구약에 약속된 그리스도가 세상에 오셔서 사람들과 사셨던 이야기이다.

• 사도행전 : 임마누엘로 변화된 존재

구약에 약속된 그리스도가 신약에서 복음으로 오셔서 세상에서 사람들과 사시다가 성령으로 성도 안에 들어오신다. 이렇게 임마누엘 되신 예수 그리스도께서 성도와 연합하여 함께 사시는 이야기이다. 또한 여기에는 복음을 가진 성도에게 나타난 성령의 능력과 역사가 기록되어 있다.

• 서신서 : 성도로 변화된 존재의 삶

복음의 내용과 의미를 설명하면서 복음으로 인해 성도로 변화된 존재의 삶의 방식을 서술한다. 복음을 가진 성도의 삶의 방식은, 성도 안에 임마누엘로 사시는 예수 그리스도를 주인으로 모시고 성령이 인도하시는 삶의 방식, 즉 하나님을 기쁘시게 하는 산 제사와 새 계명으로 살아가는 것이다.

• 요한계시록 : 성도에게 나타나는 결과

요한계시록은 복음을 가진 성도에게 결과로 나타나는 영생천국의 진리를 설명한다. 복음이 움직이고 성도가 증인 되면 새 예루살렘이 건설되고, 성도는 새 하늘과 새 땅에서 그리스도와 함께 세세토록 왕 노릇 하게 된다.

성경의 원리와 구조와 내용

1. 성경의 원리 : 하나님의 마음, 구원과 천국, 하나님의 영광

하나님은 예레미야 말씀들을 통해 마음과 생각을 표현하셨다.

너희를 향한 나의 생각을 내가 아나니 평안이요 재앙이 아니니라 너희에게
미래와 희망을 주는 것이니라 렘 29:11

그들은 내 백성이 되겠고 나는 그들의 하나님이 될 것이며 내가 그들에게
한 마음과 한 길을 주어 자기들과 자기 후손의 복을 위하여 항상 나를 경
외하게 하고 내가 그들에게 복을 주기 위하여 그들을 떠나지 아니하리라
하는 영원한 언약을 그들에게 세우고 나를 경외함을 그들의 마음에 두어
나를 떠나지 않게 하고 내가 기쁨으로 그들에게 복을 주되 분명히 나의 마
음과 정성을 다하여 그들을 이 땅에 심으리라 여호와께서 이와 같이 말씀
하시니라 내가 이 백성에게 이 큰 재앙을 내린 것 같이 허락한 모든 복을
그들에게 내리리라 렘 32:38-42

하나님의 마음은 사람에게 재앙을 주려는 것이 아니고 평안과 미
래의 희망과 모든 복을 주시려는 것이다. 그러므로 사람들이 고생하
고 근심하며 사는 것은 하나님의 본심이 아니다. 그분은 모든 사람
이 구원받아 천국에 가길 원하시기 때문에 "내가 어찌 악인이 죽는 것
을 조금인들 기뻐하랴 그가 돌이켜 그 길에서 떠나 사는 것을 어찌

기뻐하지 아니하겠느냐"(겔 18:23)라고 말씀하신다.

또한 하나님 자신의 영광을 위해 하나님의 이름을 거룩하게 하신다. "내가 내 거룩한 이름을 내 백성 이스라엘 가운데에 알게 하여 다시는 내 거룩한 이름을 더럽히지 아니하게 하리니 내가 여호와 곧 이스라엘의 거룩한 자인 줄을 민족들이 알리라"(겔 39:7)라고 말씀하신다.

성경의 기본 원리는 구원받은 성도들이 장래의 소망을 가지고 모든 복을 누리며 하나님 영광을 위해 살아가는 것이다. 그러므로 성도는 "먹든지 마시든지 무엇을 하든지 다 하나님의 영광을 위하여"(고전 10:31) 살아야 한다.

2. 성경의 구조 : 구약(하나님의 선지자), 신약(하나님의 아들 예수 그리스도)

옛적에 선지자들을 통해 여러 부분과 여러 모양으로 우리 조상들에게 말씀하신 하나님이 이 모든 날 마지막에는 아들을 통해 우리에게 말씀하셨으니 이 아들을 만유의 상속자로 세우시고 또 그로 말미암아 모든 세계를 지으셨느니라 히 1:1,2

하나님이 자연세계를 통해 드러나는 것을 '일반계시'라 하고, 성경을 통해 드러나는 것은 '특별계시'라고 한다. 그러므로 우리는 자연을 통해서도 하나님을 발견할 수 있지만, 특히 성경을 통해 하나님을 더 깊이 발견할 수 있다.

구약에서는 하나님이 선지자들을 통해, 신약에서는 예수 그리스도를 통해 말씀하신다. 그러므로 구약에서 선지자를 통해 말씀하시는 하나님의 마음을 살펴보고, 신약에서 하나님의 본체이신 예수 그리스도를 통해 말씀하시는 하나님의 마음을 살펴보면 성경의 구조가 보일 것이다.

3. 성경의 내용 : 창조, 인생, 성도의 목적

성경은 창조와 인생 성도의 목적을 설명한다. 하나님은 하늘과 땅을 창조하시고 견고케 하시되 헛되이 지으신 것이 아니라, 그곳에 사람들을 거주하게 하려 하셨다(사 45:18). 하나님이 천지를 창조하신 목적은, 사람을 세상에 살게 하시려는 것뿐만 아니라 하늘로 의로움을 비같이 내리고 땅으로 구원과 의를 움돋게 하시려 함이다(사 45:8). 그러므로 우주가 돌아가는 목적은 모든 피조물이 고대하는 하나님의 아들들이 나타나는 것이다(롬 8:19).

결국 하나님이 사람을 창조하신 목적은 하나님이 만들어 놓으신 세상에서 하나님을 찾으라는 것이다. 만약 사람이 이것을 모르고 살면 때때로 왜 살아야 하는지 모르거나 자기가 정한 기준을 따라 자기 멋대로 살게 된다.

성경은 하나님이 만드신 세상에서 사람들이 어떻게 살아야 하는지에 대해 설명해 놓은 매뉴얼과 같다. 때문에 성경을 읽으면 창조와 인생에 담긴 더 깊은 목적과 의미를 찾을 수 있다.

하나님은 분명한 목적을 가지고 사람을 창조하셨다. 하나님의 자녀로 사는 것이다. 또한 하나님의 자녀가 된 성도에 대해서는 "하나님이 우리를 세우심은 노하심에 이르게 하심이 아니요 오직 우리 주 예수 그리스도로 말미암아 구원을 받게 하심이라 예수께서 우리를 위하여 죽으사 우리로 하여금 깨어 있든지 자든지 자기와 함께 살게 하려 하셨느니라"(살전 5:9,10)라고 말씀하신다.

성도로 변화된 존재는 임마누엘 되신 예수 그리스도를 주인으로 모시고 하나님의 동역자요 새 언약의 일꾼으로 살아야 한다. 하나님의 마음을 품어 사람을 사랑하고, 세상을 축복하며, 하나님의 영광이 되는 것이 성도가 사는 목적이다.

구약의 율법, 신약의 복음

이처럼 성경의 원리와 구조를 이해하고 성경을 읽으면 내용이 전개되어가도 헤매지 않게 된다. 또한 성경에서 말하는 큰 줄기를 볼 수 있으며 읽을수록 점점 더 정확한 초점을 볼 수 있다. 결론적으로 성경은 '예수 그리스도를 믿으라'는 말씀과 '예수 그리스도를 믿는 믿음으로 살라'는 말씀으로 요약될 수 있다.

구약을 '율법'이라고 명명한다면, 신약은 '복음'이라고 할 수 있다. 구약에서 율법이 말하는 주된 내용은 오실 예수 그리스도를 믿으라는 것으로, 성경은 "육신을 따르지 않고 그 영을 따라 행하는 우리에게 율법의 요구가 이루어지게 하려 하심이니라"(롬 8:4)라고 말한다. 또한 "이같이 율법이 우리를 그리스도께로 인도하는 초등교사가 되어 우리로 하여금 믿음으로 말미암아 의롭다 함을 얻게 하려 함이라"(갈 3:24)라고 말한다.

신약에서 복음이 말하는 주된 내용은 예수 그리스도께서 구약의 약속을 성취하시기 위해 십자가에서 죽으시고 사랑으로 율법을 완성 하셨다는 것이다. 성경은 "그리스도는 모든 믿는 자에게 의를 이루기 위하여 율법의 마침이 되시니라"(롬 10:4), "사랑은 이웃에게 악을 행 하지 아니하나니 그러므로 사랑은 율법의 완성이니라"(롬 13:10)라고 말씀하고 있다.

구약에서 말하는 율법의 요구를 받아 들여 예수 그리스도를 믿게 되었다면, 신약의 복음은 예수 그리스도와 함께 새 계명인 '사랑으로 살라'고 한다.

성경통독을 통해 복음의 소리를 들으면, 내용의 의미와 목적에 맞 게 적용할 수 있다.

- 복음의 소리(성경) : 성경은 예수 그리스도 계시의 말씀이다.
- 복음의 내용(예수) : 예수 그리스도는 하늘의 모든 신령한 복이시다.
- 복음의 의미(목적) : 성경은 신령한 복이신 예수 그리스도를 통해 창조와 인생과 성도의 목적을 이루게 한다.
- 복음적 적용(사랑) : 성도는 하나님의 동역자로, 예수 그리스도의 사랑을 나타내며 살아가야 한다.

복음이신 예수 그리스도를 믿고 구원받은 성도는 임마누엘 되신 예수 그리스도를 주인으로 모심으로 하늘의 모든 신령한 복을 누린다. 또한 '사람을 사랑하고 세상을 축복하라'는 새 계명에 따라 살아가게 된다.

성경을 통독하면 성경 전체가 망원경으로 보듯 크게 보이면서, 한편으로는 현미경으로 보듯 구석구석이 세밀하게 보인다. 성경이 지식으로 머리에 채워지는 것이 아니라 가슴으로 믿어지고 깨달아지는 성령의 은혜가 임한다. 또한 성경을 통독하면 할수록 하나님의 동역자로서 생명을 살리는 성도의 목적을 삶의 현장에 적용할 수 있다.

04

구조적 성경읽기

성경을 무작정 빨리 읽기만 하는 것이 무슨 도움이 되는지 궁금해하는 분들이 참 많다. 그러나 주도적인 자기 생각을 동원하지 않으면 단순한 읽기만으로도 성경이 깨달아진다.

동시대에 태어나서 같은 직분을 가지고 서로 일맥상통하는 사역을 하는 지용훈 목사님(성경암송 사역자)의 아버님은 팔순이 넘으셨다. 그런데도 수년 동안 지속적으로 성경을 소리 내서 읽어오셨다. 평균 일 년에 일독을 하시는데, 벌써 10독을 넘기셨다. 그래서인지 육신의 기력이 점점 쇠해져가시는 중에도 영은 날로 새로워지시는 것 같다.

목사님이 아버님에게 "성경을 큰 소리로 읽으세요?"라고 묻자, "응. 계속 소리 내서 읽고 있어. 예전에는 내가 읽는 게 뭔지도 모르고 읽었지만, 그래도 포기하지 않고 계속 읽었지. 그런데 요즘은 신기한 현상이 체험된다. 소리 내어 읽고 나면 바로 해석이 뒤따라와. 그리고 읽는 속도도 더 빨라졌어"라고 대답하셨다고 한다.

참으로 놀라운 체험이며, 깨닫게 하시는 성령님의 은혜이다. 물론 그 분 개인에게 주어진 은혜이지만 나도 이런 은혜들을 자주 경험했다. 그 내용의 일부가 내가 쓴 세 권의 책에 이미 기록되어 있으며, 각종 세미나 강의에서도 자주 나눈다.

또한 하나님의 말씀은 신비하고 놀라워서 읽기만 해도 기적이 일어나는 경우가 있다. 일례로 알코올 중독으로 인생이 망가지고 뇌가 망가진 한 사람을 소생시키셔서 성경말씀 4,000여 절을 암송하게 하시고, 성경 전체를 읽는 운동을 할 마음을 주시기도 했다. 그렇게 창단된 '요한선교단'(故 박종면 목사)의 사례는 실로 놀랍다.

통독강사들이 돌아가면서 성경을 읽고, 참석자들은 눈으로 성경을 보면서 귀로 듣는다. 그런데 참석한 자들 중에 육신의 질병이 낫는 경우가 많았다. 동일한 통독사역을 하는 내게는 아직 그런 은혜까지 나타나지 않았지만, 통독을 하면서 성경의 구조가 보이는 은혜를 입었다.

새로운 성경통독법으로 깨닫는 성경의 구조

영어를 읽기만 해도 뇌에서 문법 체계를 잡는다는 '새로운 영어학습법'이 있다. 이와 비슷하게 나는 성경읽기만을 통해 성경 전체의 구조가 뇌에서 체계를 잡도록 하는 '새로운 성경통독법'을 정리했다. 성경 연구를 통해 얻은 지식이 아니라 성경읽기를 통해 은혜로 성경의 구조를 깨달은 것이다.

1. 성경의 핵심구조

성경은 구약 39권과 신약 27권으로 구성되어 있지만 크게 한 권으로 묶여 있다. 이처럼 성경 66권이 한 권의 책이 되었기에 핵심적인 구조도 한 줄로 정리할 수 있다. 그것은 '성경은 하나님의 비밀로, 그리스도의 생명이 사람에게 임마누엘 되어 하나님을 경외하는 신비로 살게 한다'는 것이다.

성경은 사람이 읽지만, 성경을 읽으면 성경이 그 사람에 대한 주도권을 가지고 하나님을 경외하게 한다. 성경의 핵심구조는 성경의 결론이다. 그러므로 이것을 알면 처음부터 결론에 초점을 두고 성경을 읽을 수 있다.

2. 성경의 신학적 구조

어떤 나라의 정보를 얻으려면 그 나라에 관한 책을 보거나 직접 방문하면 된다. 하늘나라의 정보를 얻으려면 그 나라에 가면 된다. 다른 나라는 비행기를 타고 갈 수 있다. 우주선을 타면 별나라, 달나라도 간다. 그런데 하나님이 계신 하늘나라까지 갈 수 있는 교통수단은 없다. 사람은 하늘의 경계를 뚫고 하나님이 계신 곳까지 갈 수 없다. 그래서 하나님께서 친히 이 경계를 뚫고 세상에 오셨다.

이런 정보를 제공하는 것이 성경이며, 그 정보에는 하나님의 비밀이 담겨 있다. 그 성경의 비밀은 하나님이시고, 하나님의 비밀은 그리스도이시며, 그리스도의 비밀은 임마누엘이다. 이는 하나님이신 그리스도께서 성령을 통해 우리 안에 거하시는 임마누엘로 오심으로 구원을 이루신다는 신학적 구조를 보인다.

성경은 이런 하늘의 정보를 제공하여 우리로 그리스도의 생명으로 살게 하려는 목적을 갖고 있다. 그러므로 성경의 신학적 구조를 알면, 성경을 예수 그리스도의 생명으로 읽을 수 있다.

3. 성경의 신앙적 구조

하나님께서 창세전에 그리스도 안에서 우리를 당신의 자녀로 택하셨다. 그리고 그 기쁘신 뜻대로 예수 그리스도께서 죄 사함의 피를 흘리셨다. 이런 구원의 복음을 듣고 믿는 자를 성령이 인치시고 보증하신다. 하나님의 구원이 이루어지면 그때부터 임마누엘 신앙생활이 시작된다.

신앙생활의 핵심은 주일성수, 십일조, 하루에 성경 몇 장 읽고 몇 분 기도하는 것이 아니다. 이것은 신앙생활의 본질에서 나오는 마땅한 생활이다. 신앙생활의 본질은 성도가 '나는 죽고 예수로 사는' 산 제물이 되는 것이다.

그러므로 임마누엘의 비밀은 나는 죽고 예수로 사는 '나죽예사'이며, 이것의 비밀은 용서하고 사랑하는 천국용사로, 천국용사의 비밀은 세상의 죄인을 하나님과 화목하게 하는 화목생활이다.

구원의 지식이 신학적 구조라면, 구원의 신앙생활은 신앙적 구조이다. 우리는 그리스도의 십자가 은혜로 구원을 받았듯이 그리스도의 임마누엘 은혜로 신앙생활을 하게 된다.

임마누엘 예수께서 말씀으로 주인 노릇하시는 나죽예사의 실천 항목은 용서하고 사랑하는 삶이다. 마태복음 6장에서 주님이 가르쳐 주신 기도문의 결론도 용서이다. 18장에서는 일만 달란트 탕감 받은 종의 비유로 용서의 삶을 설명한다.

천국용사는 화목하게 하는 직책으로, 영혼을 구원하는 열매를 거두게 된다. 이는 비밀스런 임마누엘이 교회의 사명을 알게 하여 하나님의 소원을 성취하게 하는 신앙적 구조이다. 그러므로 성경의 신앙적 구조를 알면 성경을 하나님의 소원을 성취하려는 마음으로 읽을 수 있다.

4. 성경의 언약적 구조

구약과 신약은 처음부터 끝까지 언약의 책이다. 성경의 언약적 초점은 예수 그리스도이다. 구약의 대표적 단어가 '율법'이라면, 신약의 대표적 단어는 '복음'이다. 율법이 말하는 결론은 율법으로는 죽을 수밖에 없고, 예수 그리스도를 믿어야 살 수 있다는 것이다. 복음이 말하는 결론은 예수 그리스도를 믿음으로 구원을 얻었으니, 이제는 예수로 살아야 한다는 것이다. 구약의 율법에는 복음이 숨겨져 있고, 신약의 복음에는 복음의 가치가 숨겨져 있다.

사람들이 복음을 듣고도 예수 그리스도를 믿지 않는 이유는 간단하다. 율법 안에 흐르는 복음의 비밀을 모르기 때문이다. 이미 구원 받은 사람들이 복음으로 살지 못하는 이유 또한 간단하다. 복음 안에 숨겨진 복음의 가치, 예수님의 핏값, 그분의 이름이 얼마나 큰지를 잘 모르기 때문이다.

복음의 가치를 알면 함부로 몸을 굴리거나 인생을 더럽히는 일을 하지 않는다. 복음의 가치와 존재의 가치 기준이 사람의 어떠함에 있지 않고 하나님 자녀의 존재성에 있음을 안다면 값싼 복음으로 살지 않는다.

성경은 하나님의 자녀에게 상식적인 내용보다 기적적인 삶을 요구한다. 구원이 기적인 것처럼 구원의 삶 또한 기적이기 때문이다. 그래서 성도의 일상은 모두가 기적이다. 이 기적은 자기를 부인하고, 자기를 비울 때 나타난다.

복음의 가치를 발견한 사람만이 그렇게 살 수 있다. 예수의 이름 값, 복음 값으로 사는 은혜다. 그러므로 성경의 언약적 구조를 알게 되면 구약에서는 복음의 비밀을 찾아내고 신약에서는 복음 값으로 살아갈 기준을 찾으며 읽을 수 있다.

5. 성경의 문학적 구조

구약과 신약은 모두 역사서와 체험서 그리고 예언서 형태로 구분할 수 있다. 구약의 역사서 17권(창세기-에스더)은, 예수 그리스도의 구속 역사를 중심으로 기록되어 있다. 시가서 5권(욥기-아가)은, 개인의 신앙 체험을 통해 메시아의 구속 계획을 기록하고 있다. 예언서 17권(이사야-말라기)은, 예수 그리스도의 구속 역사에 대한 해설서이다.

신약의 역사서 5권(마태복음 -사도행전)에는, 구약에서 약속된 그리스도께서 세상에 사신 이야기가 기록되어 있다. 서신서 21권(로마서-유다서)에는, 성도가 성령이 인도하시는 새로운 삶의 방식으로 살아가는 이야기가 기록되어 있다. 예언서 1권(요한계시록)에는, 복음이 있는 성도에게 나타나는 결론으로 하나님의 나라에서 그리스도와 함께 왕 노릇 하는 이야기가 기록되어 있다. 성경의 문학적 구조를 알면 신구약 성경을 문학적 형식에 따라 읽을 수 있다.

6. 성경의 역사적 구조

현재는 과거와 미래가 합쳐져서 생기는 물리적 시간이다. 영원은 과거, 현재, 미래를 통시적으로 보는 '시간 없음'이다. 그러므로 시간의 기준으로 영원을 보는 개념과 영원의 기준으로 시간을 보는 개념은 전혀 다르다. 인간이 영원을 사모하는 것은 단순히 시간에 따라 늙어가기 때문만은 아니다. 죄로 인해 하나님 없는 영혼(빈 공간)이 시간 속에서 죽기 때문이다.

공시적 공간의 개념을 넘어 통시적 시간의 개념을 갖게 되면 늙어가는 시간 속에서 오히려 점점 젊어지는 영원을 보게 된다. 그러므로 가시적 현실과 정황, 상황, 행위 등으로 판단하지 않으며, 하나님의 말씀 속에 담긴, 이미 완성된 영원(미래)의 관점으로 해석하게 된다.

흔들리는 현실로 영원(미래)을 판단하는 것은 착각이다. 영원 속에서 참 현실을 보려면 과거와 현재와 미래의 흐름을 이해해야 한다. 과거는 단순하게 지나간 시간이 아니며, 미래는 다가올 시간이 아니다. 지나온 과거의 시간은 현재로 압축되며, 다가올 미래의 시간은 현재 속에서 현실이 된다. 그래서 성경의 역사는 과거적 사건이지만 현실 속에서 재현되는 미래적 사건의 현재 진행형이다. 그러므로 성경의 시대적 구분은 현재 진행형으로 전개된다.

오늘의 창조시대는 예수 그리스도 안에서 새롭게 창조되는 시대이며, 족장시대는 하나님의 백성이 예수 그리스도의 세계를 이루는 시대이며, 광야시대는 광야 같은 세상에서 예수로 사는 시대이며, 정복시대는 옛 사람의 원주민을 정복하는 시대이며, 사사시대는 자기 소견을 버리고 말씀의 옳은 바를 따라 살게 하는 시대이며, 통일왕국시대는 하나님을 자기 왕으로 인정하는 시대이며, 분열왕국시대는 하나님이 보시기에 합당한 삶을 사는 시대이며, 포로시대는 성도가 세속의 문화에 포로 잡힌 시대이며, 포로귀환시대는 세상의 포로에서 복음으로 귀환하는 시대이며, 침묵시대는 역사적 초림의 침묵시대에서 종말적 재림으로의 침묵시대이며, 복음시대는 개인적 침묵시대를 깨뜨리는 과거적 구원의 시대이며, 교회시대는 성경의 역사로 임마누엘된 현재적 연합의 시대이며, 영원시대는 영적인 침묵시대를 깨뜨리는 미래적 완성의 시대이다. 영원을 보는 눈으로 현재를 살아가려면 먼저 성경의 역사적 구조를 파악해야 한다.

성경의 역사는 총 13시대로 구분할 수 있다. 창조시대, 족장시대, 광야시대, 정복시대, 사사시대, 통일왕국시대, 분열왕국시대, 포로시대, 포로귀환시대, 침묵시대, 복음시대, 교회시대, 영원시대이다.

이처럼 성경을 시대 흐름을 따라 구분하면 성경은 총 14권이 된다.

창조시대와 족장시대는 창세기의 내용이 두 시대로 구분된 것이다.

광야시대는 출애굽기의 애굽 탈출과 민수기의 광야생활을 주요 내용으로 한다. 정복시대는 아브라함에게 약속하신 가나안 땅을 정복하게 되는 여호수아서이다. 사사시대는 가나안 땅에서 말씀의 통치를 받으며 살아야 하는 사사기의 내용이다. 통일왕국시대는 사울, 다윗, 솔로몬 왕이 등장하는 사무엘상, 사무엘하의 내용과 열왕기상의 앞부분 내용이다. 분열왕국시대는 이스라엘이 남북으로 분열되며 많은 왕들이 등장하는 열왕기상과 열왕기하의 내용이다. 분열된 남과 북, 모두가 불순종함으로 포로가 되는 포로시대에 해당되는 책은 없다. 포로귀환시대는 무너진 성전과 율법과 성벽을 재건하기 위해 귀환한 내용이 담긴 에스라, 느헤미야서가 해당된다.

예수 그리스도의 초림을 기다리는 침묵시대가 지나면 신약시대에 이르게 된다. 신약의 복음시대는 누가복음을 중심으로 사도행전의 교회시대를 지나 요한계시록의 영원시대에 이르게 된다. 이렇게 성경 14권을 통해 13시대를 관통하며 성경의 역사적 구조를 알게 되면 성경을 시대 순에 맞춰 파노라마로 읽을 수 있다.

7. 성경의 메시아 구조

메시아 구조는 예수 그리스도의 길과 진리와 생명을 의미한다. 길은 구원의 방법이고, 진리는 구원의 내용이며, 생명은 구원의 결론이다. 메시아는 구원 역사의 통로이고, 구원의 삶을 살게 하는 언약이며, 그리스도와 함께 왕 노릇 하게 되는 구원의 완성이다. 이는 길이 아니면 가지 말고, 진리가 아니면 알지 말고, 생명이 아니면 살지 말라는 원리다. 메시아 구조를 알면 성경을 예수 그리스도의 길과 진리와 생명으로 읽을 수 있다.

8. 성경의 의미적 구조

성경의 의미적 구조는 세 부분으로 나눌 수 있다. 먼저 구원, 다음은 구원의 삶, 마지막은 구원의 완성으로 구분된다. 과거적 구원은 예수 그리스도의 초림으로 성취되었고, 현재적 구원의 삶은 임마누엘 그리스도와 함께 연합된 상태이며, 미래적 구원의 완성은 예수 그리스도의 재림으로 확증된다.

성경의 핵심주제인 구원에는 '이미'와 '아직'이라는 긴장감이 있다. 과거적인 구원이 미래적인 완성 속에 있기 때문이다. 그렇다고 현재 우리의 노력이 미래의 완성을 만들어 내는 것을 의미하지는 않는다. '이미' 그리스도께서 초림으로 구원을 성취하신 것처럼 '아직' 구원의 완성은 그분의 재림으로 확증될 것이다. 이런 구조를 이해하면 그리스도와 연합된 현재의 삶이 중요한 구속사적 의미를 가지게 됨을 알 수 있다.

인류의 선조인 아담은 선악과를 먹은 불순종으로 사망에 이르렀다. 이때 아담은 먼저 영이 죽는 현상으로 하나님의 낯을 피하게 되었다. 그러나 그 다음, 눈이 밝아지면서 선악을 분별하는 기준을 갖고 하나님의 말씀보다 혼의 생각을 가지고 자기 마음대로 살게 된다. 그리고 마지막으로 930세에 육신의 죽음을 맞는다. 영혼육이 순차적으로 사망에 이르는 현상을 볼 수 있다.

마찬가지로 구원이 일어나면 먼저 하나님을 인식하는 영이 살아난다. 바울은 에베소 교회에 보내는 편지에서 "그는 허물과 죄로 죽었던 너희를 살리셨도다"(엡 2:1)라고 말했다. 그 다음으로는 혼의 영역에서 내 생각을 버리고 하나님의 말씀에 순종하는 삶을 살아가게 된다. 마지막으로 육신의 부활을 맞게 된다.

그뿐 아니라 또한 우리 곧 성령의 처음 익은 열매를 받은 우리까지도 속으로 탄식하여 양자 될 것 곧 우리 몸의 속량을 기다리느니라 롬 8:23

주님의 재림을 기대하며 광야 같은 세상을 사는 우리에게 현재의 삶은 내 생각을 벗겨내는 구원의 삶이다. 이런 성경의 의미적 구조를 알면 성경의 스토리를 구속사적인 의미로 읽을 수 있다.

결국 성경의 핵심적인 구조들은 우리로 첫 사람 아담 안에서 나와 마지막 아담인 예수 안에서 살게 하려는 것이다. 이는 아담 안에서 모든 사람이 죽은 것같이 예수 안에서 모든 사람이 사는 신비한 비밀이다. 성경을 이런 구조로 읽을 수 있다면 나는 죽고 예수로 살게 되는 에너지를 공급받을 수 있다.

05

의미적 성경읽기

성경을 집중적으로 읽으면서 성경 66권을 예수 그리스도의 초점으로 볼 수 있는 눈이 생겼다. 그렇게 성경을 읽기 시작한 지 10년쯤 되었을 때, 하나님의 은혜로 구속사적으로 성경을 관통하는 《예스 통독》을 쓰게 되었다. 책을 쓰게 해주신 것도 감사한데, 그 책을 통해서 90일 성경읽기 프로그램인 '예통 세미나'(구속사 16주 과정) 강의도 하게 되었다. 무엇보다 감사한 것은 강의를 하면서 성경 66권을 의미적 구조로 정리하게 된 것이다.

성경의 의미적 구조를 살펴라

성경의 내용은 의미적 구조를 가지고 있다. 의미적 구조는 성경 내용 속에 있는 의미를 몇 개의 주제로 구조화한 것이다. 성경의 의미적 구조는 구원과 구원의 삶과 구원의 완성으로 구성되어 있다.

구약의 역사서 17권 : 창세기 - 에스더

창세기는 본질적인 구원을 의미한다. 특히 창세기의 4대 사건 중 창조의 초점은 생명이고, 타락의 결론은 사망이다. 홍수는 심판과 구원을 동시에 설명하며, 바벨은 흩으심과 부르심의 분기점으로 인간의 불순종과 하나님의 구원을 의미한다.

또한 4대 인물 중 아브라함이 하나님께 받은 복과 씨와 땅의 약속은 이삭에게서 언약의 씨로, 야곱에게서는 큰 민족의 복으로 드러났다. 그리고 요셉에게서는 약속의 땅, 가나안(천국) 땅으로 인도하는 한 사람, 예수의 모형으로 나타난다. 결국 창세기에 주어진 하나님의 약속은 점진적인 구원의 완성을 의미한다.

출애굽기는 역학적 구원을 의미한다. 출애굽기에서 가장 중요한 유월절 어린양의 죽음은 구원의 실상을 보게 하고, 시내산에서 체결된 언약은 구원의 삶을 살게 하며, 성막건축을 통해서는 구원의 완성을 알게 한다.

레위기는 원리적 구원을 의미한다. 5대 제사(번제, 소제, 화목제, 속죄제, 속건제)는 제사의 원형이신 그리스도를 통한 구원을 의미하고, 5대 거룩(음식, 질병, 문화, 직분, 절기)은 거룩의 실체이신 그리스도를 통한 구원의 삶을 의미한다. 그중에서도 5대 제사는 번제로 생명을 얻고, 소제로 사명을 가지며, 화목제로 하나님의 동역자가 되어, 속죄제로 새 창조의 삶을 살면서, 속건제로 그리스도의 형상이 된다는 신앙적 의미를 가진다.

민수기는 실제적 구원의 삶을 의미한다. 성도는 광야 같은 세상을 지날 때 거룩하게 살아야 한다. 그러나 이스라엘의 불순종으로 인해, 거룩한 삶은 음식에서 탐욕으로 무너졌고, 질병에서 비방으로 무너졌으며, 문화에서 불신앙으로 무너졌고, 직분에서 감투로 무너졌고, 절기에서 우상숭배와 음행으로 무너졌다.

신명기의 복음적 구원은 과거적으로 불순종한 옛 사람의 자화상을 보게 하고, 현재적으로는 율법과 복음의 차이점을 알게 하며, 미래적으로 하나님을 경외하는 신비로 살게 한다.

여호수아서의 정복적 구원을 통해 '땅'으로는 구원을, '순종'으로는 구원의 삶을, '안식'으로는 구원의 완성을 의미한다.

사사기의 실패적 구원의 삶은 다른 세대의 세속화로 인한 기복 종교로의 타락과 쾌락을 추구하는 도덕의 타락을 의미한다.

룻기는 미래적 구원의 완성으로 목숨과 재물과 생각을 비우게 한다.

사무엘상에 등장하는 사울의 생각은 말씀과 불통함으로 블레셋과의 아말렉 전투에서 불순종하지만, 다윗의 생각은 말씀과 소통해 엔게디 황무지 굴과 십 황무지 근처의 사울 진영에서 원수 같은 사울을 두 번씩이나 살려준다.

사무엘하에서 다윗의 왕권은 힘이 아닌 택하심으로 헤브론과 예루살렘에서 확립되고, 다윗의 위기는 밧세바 사건과 인구조사 사건으로 맞은 재앙이지만, 하나님께서 정하게 하신 성전 터에서 번제를 드림으로 해결된다.

열왕기상에서 이스라엘은 심판을 받아 남 왕국과 북 왕국으로 분열된다. 이는 구원의 길을 상징하는 다윗의 길이 아니라, 멸망의 길을 상징하는 여로보암의 길로 들어섰기 때문이다.

열왕기하에서 이스라엘은 불순종으로 멸망당한다. 그리고 북 왕국은 앗수르, 남 왕국은 바벨론의 포로가 된다. 북 왕국의 멸망은 심판이기에 하나님과 분리되지만, 남 왕국의 멸망은 징계이기에 회복되는 구속사적 차이점이 있다.

역대상에서 남 왕국은 족보를 통한 회복, 역대하에서는 개혁을 통한 회복을 보여준다.

에스라서는 성전 재건을 통해 존재가 회복되는 구원을 상징적으로 보여주고, 율법 재건을 통해 회복된 존재가 살아야 하는 구원의 삶의 기준을 알려준다.

느헤미야서는 성벽 재건과 영적 개혁을 통해 하나님 자녀의 거룩을 회복시킴으로 구원의 삶을 살게 한다.

에스더서는 세상을 상징하는 갈대아 우르 지역에서 '죽으면 죽으리라'는 구원의 삶을 보여준다.

구약의 시가서 5권 : 욥기-아가

욥기는 욥의 인내를 통해 그리스도의 복음을 드러내며, 구원의 지혜와 의인의 고난을 가장 큰 주제로 다룬다. 구원의 지혜는 하늘의 대속자이신 그리스도의 구원을, 의인의 고난은 그리스도께서 가신 고난의 발자취를 따라가는 구원의 삶을 의미한다.

시편은 다윗의 생애를 통해 그리스도의 복음을 드러낸다. 1권은 예수 그리스도의 탄생과 부활, 십자가의 고난과 희생을 보여주고, 2권은 구원에 대한 언약과 의인의 고난을 통해 그리스도의 고난을 드러낸다. 3권에서는 죄로 인한 심판이 다윗의 언약을 통해 회복되는데, 이는 그리스도를 통한 언약의 성취를 의미한다. 4권에서는 통치의 하나님을 찬양한다. 이는 우리를 광야 같은 세상에서 영원한 메시아 왕국으로 인도하시는 그리스도를 새 노래로 찬양하는 것을 의미한다. 5권은 구원의 하나님을 찬양한다. 이는 그리스도께서 우리를 바벨론 같은 세상의 포로에서 해방시키시는 구원을 찬양하는 것이다.

잠언은 솔로몬의 지혜를 통해 그리스도의 복음을 드러내며, 지혜의 근본과 지혜의 실천을 핵심 내용으로 다룬다. 지혜의 근본은 신학적 지혜로 구원을 의미하며, 지혜의 실천은 실천적 지혜로 구원의 삶을 의미한다.

전도서는 솔로몬의 인생을 통해 그리스도의 복음을 드러낸다. 그리스도의 복음으로 헛된 인생이 여호와를 경외하는 복된 인생이 된다.

아가서는 솔로몬의 사랑을 통해 그리스도의 복음을 나타내며, 그리스도의 사랑으로 완성되는 구원을 보인다.

구약의 대선지서 5권 : 이사야서-다니엘서

이사야서는 메시아 복음을 담아낸다. 전반부는 복음의 핵심으로, 그리스도의 구원과 심판을 나타낸다. 후반부는 복음의 실체로, 그리스도와 연합된 존재가 새 하늘과 새 땅으로 연결됨을 보여준다.

예레미야서는 유다 멸망의 예언을 통해 회개와 순종을 촉구하고, 유다 회복의 예언을 통해 장래의 소망을 갖게 한다.

예레미야애가서는 하나님의 본심이 애가를 통한 슬픔이 아니라 구원을 통한 찬가임을 말한다.

에스겔서의 핵심주제는 심판과 회복이다. 이스라엘에게 주어진 심판은 우상을 제거하고 그들로 하나님의 백성이 되게 하려는 것이며, 열국에게 주어진 심판은 우상을 제거하는 심판이다. 또한 이스라엘의 역사적 회복은 새 성전의 완성으로, 이는 종말적 회복을 의미한다.

다니엘서는 세상의 정중앙에서 뜻을 정한 신앙고백으로 구원의 삶을 사는 모습을 사자 굴과 불 속에서 적나라하게 보여준다.

구약의 소선지서 17권 : 호세아서-말라기

호세아서에 나타나는 구원의 근거는 독생자를 세상에 보내신 하나님의 사랑이다.

요엘서에 나타나는 구원의 방법은 성령의 역사를 통한 회개이다.

아모스서에 나타나는 구원의 정의는 예수 그리스도께서 십자가에서 희생 제물로 드려지심으로 세워지는 정의다. 이는 우리로 하나님의 자녀가 되게 하는 십자가 은혜를 의미한다.

오바댜서에 나타나는 구원의 공의는 상벌에 대한 공평한 판결로, 의인에게는 안식의 공의로, 죄인에게는 심판의 공의로 주어진다. 이는 불신자에게 주어지는 하나님의 진노의 심판을 의미한다.

요나서에 나타나는 구원의 표적은 악한 자라도 회개하면 구원받는다는 것이다. 요나가 물고기 배 속에서 3일간 지낸 표적은 예수의 구원을 의미하며, 동시에 나는 죽고 예수로 사는 성도의 표적으로, 구원의 삶을 의미한다.

미가서에 나타나는 복음은 인간의 죄와 하나님의 구원을 설명하는 고전적 복음으로, 하나님의 정의가 흐른다.

나훔서에 나타나는 심판은 악하고 음란한 세대의 상징인 니느웨에 대한 경고로, 여기에는 환난 당하는 의인에게는 안식의 위로로, 환난 당하게 하는 악인에게는 심판으로 갚으시는 하나님의 공의가 흐른다.

하박국서에 나타나는 실천적 복음은 의인을 믿음으로 살게 하는 복음으로, 의인이 고난 받고 악인이 형통하는 부당한 세상에서 의인을 믿음으로 살게 한다.

스바냐서에 나타나는 종말적 심판은 구원의 그리스도를 찾게 하는 복음이다. 이는 우상을 제거하고 칭찬과 명성을 얻는 그리스도인의 삶을 살게 한다.

학개서의 성전은 건물로서의 성전이 아닌 참 성전을 의미하는 것으로, 구원을 설명한다.

스가랴서의 성전은 참 성전이 건축되는 방법을 의미하는 것으로, 구원의 방법을 제시한다.

말라기서는 참 성전을 세우신 목적을 의미하는 것으로, 예배를 통해 구원의 삶을 살게 한다.

신약성경 27권 : 마태복음 - 요한계시록

신학은 하나님을 아는 지식으로, 우리로 하나님을 알게 한다. 신앙은 성도의 믿음생활로, 하나님을 경외하는 신비이다. 이 신앙의 비밀인 예수의 생명이 구원을 발생시킨다. 신앙의 신비는 성도의 순종으로 구원의 삶을 드러낸다. 이런 핵심적 비밀 복음의 신학과 생활적 내용 현상의 신앙은 복음의 능력으로 완성된다.

그렇다면 예수의 생명이 드러나는 복음의 핵심은 무엇인가? 그것은 마태, 마가, 누가, 요한복음에 드러나는 구약 언약의 성취다. 마태복음의 하늘복음은 마가복음의 하늘정보를 제공하여 누가복음의 하늘사역을 감당하는 요한복음의 하늘생명으로 살게 한다.

구약 언약이 성취된 복음의 비밀은 무엇인가? 그것은 사도행전과 로마서 그리고 고린도전후서에 담긴 임마누엘이다. 사도행전의 성령의 역사로 로마서의 하나님의 복음이 고린도전서에서 그리스도의 비밀이 되어 고린도후서에서 성도의 심비에 새겨진다.

성도에게 그리스도께서 임마누엘로 연합된 예수의 복음은 무엇인가? 그것은 갈라디아서, 에베소서, 빌립보서, 골로새서로 골든(golden) 복음이다. 성도는 예수의 자유로 교회의 사명을 감당하고, 예수의 능력과 예수의 실체로 살게 된다.

갈라디아서는 진리로 비 진리를 갈라내어 예수의 자유를 찾는다. 에베소서는 하나님 자녀의 출생으로 교회의 사명을 감당하게 한다. 빌립보서는 예수의 능력을 빌어 복음에 합당한 일체의 비결로 살게 한다. 골로새서는 예수의 실체를 알아 골든 타임(말세 재림)의 시기에 예수가 있는 골든 복음으로 살게 한다.

신앙의 신비와 성도의 순종이 골든 복음으로 나타나는 복음의 생활은 무엇인가? 그것은 데살로니가전후서와 디모데전후서에 나타나는 경건한 삶을 말한다. 성도는 재림의 시기에 경건하게 살아야 한다.

데살로니가전서는 기쁨과 기도와 감사로 거룩하게 사는 생활을, 데살로니가후서는 그리스도의 인내로 거룩하게 사는 방법을 말한다. 디모데전서는 말씀과 기도로 선한 싸움을 싸우는 경건한 사역을 드러내고, 디모데후서는 복음과 함께 고난을 받는 경건한 생활을 드러낸다.

성도로 재림의 시기에 경건하게 살게 하는 복음의 내용은 무엇인가? 복음의 내용은 디도서, 빌레몬서, 히브리서, 야고보서로 나죽예사이다. 성도가 용서하며 예수 믿음으로 사는 성숙한 믿음생활이 나죽예사다. 디도서의 선한 일은 메시아가 성도에게 현실로 나타나시는 것이다. 빌레몬서의 용서는 메시아가 현실로 나타나는 선한 일의 실제 사례다. 히브리서의 예수 믿음은 그리스도의 과거(오실 구약의 모형), 현재(초림으로 오신 신약의 실체), 미래(재림으로 다가올 영원한 천국)를 동시에 보면서 영원한 복음으로 살게 한다. 야고보서는 내가 죽고 예수로 살게 하는 성숙한 믿음생활이다.

내가 죽고 예수로 살 때 나타나는 복음의 현상은 무엇인가? 그것은 베드로전후서에 나타나는 고난이다. 성도가 재림의 시기에 경건하게 살면 고난을 받는다. 베드로전서에 나오는 고난의 종류는 성도의 매력을 보여주는 기회다. 베드로후서에 나오는 고난의 은혜는 새 하늘과 새 땅을 바라보게 한다.

　성도가 고난을 이기며 경건하게 살 수 있는 복음의 능력은 무엇인가? 그것은 요한일이삼서, 유다서에 나오는 하나님과 교제하는 것이다. 성도는 고난을 이기며 경건하게 살기 위해 이단을 경계하고 하나님과 성도와 교제해야 한다. 요한일서는 하나님과 교제를, 요한이서는 이단을 경계하는 것을, 요한삼서는 성도와 교제를 말한다. 유다서는 이단의 심판을 믿고 경건하게 사는 것이다.

　하나님과 교제하는 자에게 주어지는 결론적 복음의 완성은 무엇인가? 그것은 요한계시록의 왕 노릇이다. 성도는 하나님나라에서 그리스도와 함께 왕 노릇 한다. 요한계시록은 새 창조의 완성으로, 창세 전에 예정된 하나님의 계획을 현재 시제로 살게 한다.

06

성경 한 권 통권 묵상

성경 한 권 통권 묵상은 성령님이 조명해주시는 은혜 안에서 하나님과 깊은 교제를 누리게 한다. 일반적인 큐티는 성경의 한 단락을 반복적으로 읽으면서 내용을 분석하고, 그 말씀을 다양한 형태로 묵상한다.

기록된 성경의 목적이 내게 어떤 요구를 하는지, 내가 무엇을 해야 할지 등에 대해 말이다. 이렇게 묵상이 깊어지면 예수 그리스도를 통해 계시된 하나님이 어떤 분인지 알아가면서 결국 내가 어떻게 살아야 할지 가늠하게 된다.

나는 예전에 기독교 출판사의 편집장을 하면서 큐티 월간지를 편집했다. 그때 일반적인 단락 큐티에서 벗어나 주제별 큐티, 역사적 큐티 등을 생각한 적이 있었다. 그래서 목회를 하는 동안 성경 한 장 설교, 성경 한 권 설교 등을 통해 성경 한 권 통권 묵상에 대해 깊이 생각하곤 했다.

파악, 분석, 검증을 통한 성경묵상

성경 한 권 통권 묵상은 성경 66권 중 한 권을 선택하여 통째로 빠르게 읽어 초점을 파악하고, 구조를 분석하여, 말씀을 삶으로 검증하는 방법이다.

성경 한 권 초점잡기 : 목적과 주제

⋯→ 성경 한 권의 말씀을 빠르게 읽으며 관통하는 맥을 잡는다.

1. 성경 한 권의 말씀을 관통해 흐르는 핵심을 찾는다.

2. 성경 한 권의 초점은 목적과 주제를 명확하게 한다.

3. 성경 한 권의 초점을 통해 목적과 주제의 핵심을 파악한다.

성경 한 권 구조잡기 : 내용과 의미

⋯→ 성경 한 권의 말씀과 소통함으로 그 성경을 통해 말씀하시는 진리를 얻는 구조이다.

1. 한 권의 말씀을 소통하며 그 의도를 찾는다.

2. 성경 한 권의 구조는 내용과 의미를 명확하게 한다.

3. 서론, 본론, 결론의 구조를 통해 내용의 의미를 전개한다.

성경읽기는 성경공부와 큐티와 전혀 다른 패턴을 가진다. 나는 속
청독의 원리와 성경읽기 패턴으로 10년 이상 성경을 읽으면서 한 권씩
통으로 묵상하고 한 주에 한 권씩 설교해본 적이 있다.

이런 성경읽기 패턴으로 모세오경을 한 권씩 관통하며 성경의 구조
등을 학습하는 성경공부뿐 아니라 한 권씩 묵상하는 큐티도 가능하
다는 사실을 알았다. 물론 주제별 성경공부보다 시간이 많이 걸리고,
한 단락 큐티보다 묵상의 깊이를 느끼기 쉽지 않겠지만, 읽기를 통해
서도 충분히 성경 한 권의 의미를 전체적으로 파악할 수 있다.

구약의 모세오경을 그 예로 살펴보자.

모세오경 적용하기

구약의 율법서는 총 5권으로, 모세가 썼다 하여 '모세오경'이라고
부른다. 모세를 통해서 이스라엘을 출애굽 시키신 하나님께서 이스

라엘 백성과 언약을 체결하시고 모세오경을 쓰게 하셨다.

창세기는 하나님의 백성과 언약을 체결하신 분이 어떤 분인지를 우리에게 알려주며, 출애굽기는 언약을 맺은 백성의 형성사를 다루면서 거룩한 언약이 어떻게 체결되었는지의 과정을 설명하고, 레위기는 시내산에서 맺은 언약을 기록하고 있으며, 민수기는 레위기를 가지고 하나님의 법대로 사는 훈련을 말하고, 신명기는 광야에서의 민수기 훈련을 마친 이스라엘에게 레위기를 재해석해준다.

모세오경을 한 권씩 통으로 읽고 묵상한 내용을 정리하면, 성경에서 안내하는 길로 들어가게 된다. 먼저 창세기를 통해서는 요한계시록에 등장하는 새 하늘과 새 땅으로 가는 길을, 출애굽기에서는 우리를 천국으로 인도하시는 하나님이 주시는 구원을 통해 왕 같은 제사장의 사명으로 사는 길을, 레위기는 왕 같은 제사장이 위임 받아야 할 제사법과 거룩법으로 산 제사와 새 계명으로 살게 되는 길을, 민수기는 광야 같은 세상에서 옛 사람이 죽고 새 사람으로 살게 되는 길을 안내 받는다. 신명기는 하나님이 창조하신 생명이 순종을 통해 행복자의 길에 도달하게 되는 것을 알게 한다.

로마서 한 권을 통으로 읽어 성경 전체의 핵심적 복음을 관통한 상태에서 창세기를 통으로 읽으면, 요한계시록의 새 하늘과 새 땅으로 가는 길이 보인다. 출애굽기를 통으로 읽으면, 왕 같은 제사장으로 사는 사명이 고취된다. 레위기는 산 제사와 새 계명의 삶을 사는 기준이 생긴다. 민수기는 옛 사람이 죽고 새 사람으로 사는 방법을 알게 된다. 신명기는 순종하는 행복자로 사는 복된 자가 되어 인생살이가 예수살이 되고, 세상살이가 천국살이 되는 길을 알게 된다.

1. 창세기의 창조와 새 창조
─ 하나님의 창조적 사랑의 끝은 어디인가?

롯이 아브람을 떠난 후에 여호와께서 아브람에게 이르시되 너는 눈을 들어
너 있는 곳에서 북쪽과 남쪽 그리고 동쪽과 서쪽을 바라보라 보이는 땅을
내가 너와 네 자손에게 주리니 영원히 이르리라 창 13:14,15

하나님이 이렇게 아브라함에게 주셨던 팔레스타인 땅에 이천 년이
지나서야 손님 같은 주인이 찾아왔다. 그 땅에는 주인 같은 손님이
이천 년 동안 살고 있었다. 지금 그들은 함께 살고 있지만 서로 자기
가 땅의 주인이라며 싸우고 있다. 지구촌 사람들은 여러 매체를 통해
그들의 분쟁을 훤히 알고 있다. 그들은 누구이며, 어떻게 함께 살게
되었는가?

하나님이 아브라함에게 약속하신 땅에서 1,500년 동안 살던 아브
라함의 후예들은 AD 70년경 로마의 디도 장군에게 예루살렘이 함락
되면서 세계로 흩어지게 되었다. 이 틈에 이스마엘의 후예들이 들어와
이천 년 동안 그 땅에서 살아온 것이다. 그렇다면 이들이 서로 자기
땅이라고 우기는 진실 공방의 끝은 어디인가?

지금까지 이천 년 동안 살아왔던 이스마엘의 후예들에게 하나님과
맺은 영원한 계약서, 땅 문서를 들고 찾아온 아브라함의 후예들의 손

에는 구약성경이 들려져 있다. 우리 손에 들린 하나님의 말씀인 성경은 쉽게 이해할 수 없지만 신비하고 경이롭고 오묘하다. 성경이 말하는 하나님의 약속이 진실이라면 더욱 그렇다.

진화론을 배운 사람들은 창조를 종교적 신화쯤으로 생각할지도 모르겠다. 그러나 진화론이 사실이라면 그 시작과 마지막이 분명해야 하는데, 아무도 모른다. 그러나 하나님의 말씀으로 시작된 창조는 분명하다. 창조로 시작된 모든 것의 끝은 새롭게 창조되는 새 하늘과 새 땅으로 연결되어지면서 그 막을 내린다.

창세기는 아담의 선악과 범죄, 가인의 살인사건, 노아시대의 홍수, 인류를 분산시킨 바벨사건 등에 초점을 두고 있지 않다. 또한 믿음의 사람 아브라함, 순종의 사람 이삭, 욕망의 사람 야곱, 꿈꾸는 사람 요셉에게도 초점을 두고 있지 않다. 창세기에 나타난 사건과 인물을 통해서 하나님이 말씀하시려는 의도는 따로 있다.

사람이 작은 건물을 건축할 때도 설계 없이 무조건 땅부터 파는 경우는 없다. 하물며 하나님께서 아무런 계획도 없이 우주를 창조하셨을까? 그 창조의 목적을 명확하게 알 수 있다면, 창세기에 나오는 사건과 인물을 관통할 수 있을 뿐만 아니라 성경 66권을 요한계시록까지 관통할 수 있다.

하나님은 고레스가 바사제국의 왕으로 등극하기 약 150년 전에 이사야 선지자를 통해 고레스에게 창조의 목적을 밝히셨다. 하늘과 땅은 사람을 거주하게 하려고 창조되었고, 하나님 자녀의 구원을 위해 돌아가고 있다.

구원을 목적으로 돌아가고 있는 세상에 사는 사람은 하나님을 찾는 존재로, 그분의 형상과 모양으로 설계되었고, 창조의 목적대로 땅에 충만하여 땅을 정복하고 모든 생물을 다스리며 하나님과 영원히 살도록 지음 받았다.

크신 하나님의 사랑으로 지음 받은 사람이 하나님 없이도 살 수 있을 것으로 착각하여 일으킨 사건이 선악과 범죄이다. 하나님과 관계를 깨버린 이 범죄는 살인과 홍수와 바벨사건으로 이어진다. 거룩하신 하나님은 그때마다 그분과 관계없는 삶을 사는 사람들을 분리시키신다.

아담은 에덴에서, 가인은 족보에서 분리되었다. 또한 노아시대에 하나님과 관계없이 살던 자들은 홍수로, 하나님의 명령에 대항하여 흩어짐을 면하려고 탑을 쌓던 자들은 언어의 혼잡으로 분리되었다. 그렇지만 하나님의 말씀을 믿고 순종하며 창조의 목적대로 하나님과 함께 살기 원하는 자들은 구별된다.

창세기는 여러 사건을 통해 하나님과 분리되는 인물들을 보여주며, 그들을 통해 하나님과 연합한 사람들이 세상과 구별되게 사는 모습을 보여준다. 아브라함, 이삭, 야곱, 그리고 요셉은 환난 속에서도 형통한 복을 누리며 하나님이 책임지시는 사건들을 경험한다.

아브라함과 이삭은 아비멜렉에게 우물을 빼앗겼지만 하나님이 함께하심으로 그들은 화해와 안전을 보장받았다. 야곱은 단신으로 집을 떠나 험악한 인생을 살았지만 거부가 되어 대가족을 거느리고 돌아온다. 요셉은 형들에게 인신매매를 당해 애굽에서 종살이와 옥살이를 당했지만 결국 애굽의 총리가 된다.

하나님과 분리되는 사건과 세상과 구별되는 인물은 성경 66권의 마지막 책, 요한계시록에 나오는 지옥과 천국으로 연결된다. 하나님과 살기 싫어하는 자들은 분리되어 마귀와 지옥에서 영원히 살게 되고, 하나님과 함께 살고자 하는 자들은 구별되어 새 하늘과 새 땅에서 그분과 영원히 살게 된다.

하나님이 현실 세계에서 아브라함에게 약속하신 땅은 참 현실 세계에서 나타날 새 하늘과 새 땅의 증표와 같다. 허상의 세계에서 눈에 보이는 약속의 땅은 가나안이지만 실상의 세계에서 믿음으로 보게 될 약속의 땅은 천국이다. 하나님은 자신을 창조주로 믿고 따르는 만민의 생명을 구원하여 새 하늘과 새 땅으로 인도하실 것이다.

하나님의 마음으로 창세기 묵상하기

- 하나님의 창조적 사랑의 끝은 어디인가?
  진화가 거짓이고 창조가 사실이라면 성경은 어떤 책인가?

- 세상에서 하나님과 분리될 것인가, 세상과 구별될 것인가?
  무엇 때문에 하나님과 분리되고, 어떻게 해야 그분과 연합되는가?

- 하나님이 함께하시는 인생은 불통한가, 형통한가?
  불통하게 보이는 인생도 그분이 함께하시면 형통해질 수 있을까?

2. 출애굽기의 구원과 쉐키나
— 하나님은 어디에 임재하시는가?

구름이 회막에 덮이고 여호와의 영광이 성막에 충만하매, 낮에는 여호와의 구름이 성막 위에 있고 밤에는 불이 그 구름 가운데에 있음을 이스라엘의 온 족속이 그 모든 행진하는 길에서 그들의 눈으로 보았더라 출 40:34,38

중국에서 선교하다 보면 중국동포(조선족)들이나 북한을 탈출한 탈북자들을 만나게 되는 경우가 있다. 그들 중에는 내가 아는 한국 선교사들을 만나 말씀으로 변화되어 영적으로 새로운 백성이 된 사람들이 다수 있다.

우리는 말씀으로 변화된 탈북자들을 은어로 '히브리인'이라고 부른다. '히브리'란 말은 '건너가다'에서 유래되었다는 학설이 있다. 그들은 지긋지긋한 애굽의 노예생활에서 홍해를 건너 자유의 몸이 되었고, 요단강을 건너가 약속의 땅에서 새로운 백성이 되었다.

야곱 족속은 애굽에 머무는 400년 동안 75명에서 수백만 명으로 불어났다. 그런데 그 히브리 민족 전체가 애굽 군대가 추격해오는 상황에서 홍해를 안전하게 건너갔다니! 출애굽기에는 무협지보다 더 무협지 같은 사실이 자주 등장한다.

하나님은 이런 기적을 수도 없이 일으키시며 이스라엘 자손을 구원하셨다. 초자연적인 능력을 가지신 창조주 하나님은 모세를 통해 자기 백성을 구원시킬 계획을 애굽 왕 바로에게 전하셨다.

그 선전포고 이후에는 대대적 공습으로 열 가지의 재앙이 애굽 땅에 떨어지지만 이스라엘 자손이 거한 고센 지역은 구별되어 안전하게 보호된다. 피, 개구리, 이, 파리, 악질, 독종, 우박, 메뚜기, 흑암 등으로 융단폭격을 가해도 꼬덕하지 않던 바로가 열 번째 재앙으로 애굽의 장자가 죽게 되자 무릎을 꿇고 만다.

　　창세기에서는 '이스라엘'이란 이름을 가진 야곱이 형 에서에게 팥죽을 팔아 장자의 명분을 얻었다. 출애굽기에서는 그 장자를 구하기 위해 유월절 어린양이 희생되었다. 만민의 생명을 구원하기 위해 세상 죄를 지고 가는 하나님의 어린양 예수 그리스도께서 십자가에서 희생되셨다. 이로써 사람은 예수 그리스도를 믿음으로 하나님의 아들이 되는 명분을 얻었다.

　　애굽을 탈출한 이스라엘 자손 앞에는 홍해가 가로막고 있었고, 뒤에는 복수심에 불타는 애굽의 군대가 쫓아오고 있었다. 이런 진퇴양난의 상황은 늘 원망과 불평을 가져오지만, 하나님은 위기를 전화위복의 기회로 사용하신다. 이스라엘 자손으로 안전하게 홍해를 건너게 하심으로 감사와 찬양이 터져 나오게 했으며, 애굽인을 홍해에 빠져 죽게 하여 그분의 영광을 온 세상에 알리셨다. 그 소식은 가나안 땅, 여리고 성까지 전해졌다.

　　하나님의 은혜로 홍해를 건넌 자들은 바닷물이 좌우에 벽이 되는 홍해 수족관을 감상하면서 건넜을 것이다. 하나님의 어린양이신 예수 그리스도로 인해 죄와 세상에서 탈출하게 된 자들도 믿음으로 하나님의 임재 가운데 환상적인 환난의 세상 수족관을 입체적으로 즐길 수 있을 것이다.

하나님의 구원은 인생을 피곤하게 하는 것이 아니다. 믿음으로 하나님의 임재(쉐키나) 가운데 있으면 스펙터클하게 살 수 있지 않겠는가! 가끔 험난한 과정이 있어 조금은 긴장되기도 하지만 말이다.

이렇게 극적인 구원이 일어난 이유는 무엇일까? 하나님은 세상을 창조하시고 선악과를 기준으로 창조주와 피조물의 관계를 유지하면서 함께 살기를 원하셨다. 그런데 아담의 범죄로 관계가 깨어지자 이를 회복시켜 창조의 목적대로 살게 하시려고 이스라엘 자손을 유월절 어린양으로 구원하신 것이다.

그들은 새로운 선악과 계명인 십계명을 시내산에서 두 돌비에 받고, 언약을 체결한 증표로 성막을 건립한다. 하나님과 언약을 체결한 백성은 제사장 나라의 거룩한 백성이 되어 '모든 사람은 창조주 하나님을 섬기며 살기 위해 지음 받았다'는 진리를 전하는 사명을 갖게 된다.

언약의 증표로 세운 이동 성막은 하나님이 자기 백성과 함께 사시기 위해 모형으로 보여준 것이며, 구원과 임마누엘(쉐키나)의 상징이다. 하나님은 우리로 창조의 목적대로 살게 하려고 구원하시고, 구원의 목적대로 살게 하려고 우리의 주인으로 임마누엘 하신다. 하나님의 성령이 임재하시는 실체 성전인 성도는 '하나님과 사람을 사랑하라'는 계명을 기준으로 온 인류를 구원할 사명을 갖게 되었다.

왕 같은 제사장으로, 세상을 구원하시는 하나님의 동역자로, 세계 선교를 위한 중재자로, 거룩한 축복자로 사는 것이 가장 아름다운 모습이며, 하나님이 왜 우리를 구원하셨는지를 잘 아는 자의 모습이다.

하나님의 마음으로 출애굽기 묵상하기

• 하나님은 어디에 임재(쉐키나)하시는가?
  하나님이 그렇게 하시는 이유는 무엇일까?

• 열 가지 재앙이 이스라엘 자손에게 축복이라고 말할 수 있는가?
  지옥 재앙과 천국 축복의 갈림길은 어디에 있을까?

• 하나님이 초자연적으로 구원하신 이유는 무엇일까?
  환난의 세상 수족관을 어떻게 안전하게 즐길 수 있을까?

---

3. 레위기의 언약과 거룩법

— 하나님은 자기 백성과 어떻게 소통하시는가?

내가 내 성막을 너희 중에 세우리니 내 마음이 너희를 싫어하지 아니할 것이며 나는 너희 중에 행하여 너희의 하나님이 되고 너희는 내 백성이 될 것이니라 레 26:11,12

요즘처럼 '소통'이란 말이 자주 쓰인 적은 없었던 것 같다. 국어사전에서 이것을 찾아보면 '생각하는 바가 서로 통함'이라고 되어 있다. 훈민정음 서문에서도 '자기 뜻을 상대방 마음에 사무치게 하는 것'으로 표현한다. 소통은 단순히 말을 주고받는 것이 아니라, 자기의 생각을 상대방에게 절실히 전달하는 차원의 것임을 알 수 있다. 하나님은 사람들과 소통하면서 살기를 원하셨다.

이런 소통이 서로 다르게 이루어지지 않기 위해 소통의 기준이 되는 언약이 필요했다. 창조시대 에덴동산의 선악과는 창조주와 피조물이 소통하기 위한 최초의 기준이었다.

하나님은 창세기에서 자신과 함께 살기 원하는 자들을 구별시켜 만민의 생명을 구원할 제사장 나라로 준비시키셨다. 그리고 출애굽기에서는 준비가 끝난 이스라엘 자손들과 시내산에서 언약을 체결하시고 그 증표로 자신이 임재하실 성막을 건립하게 하셨다. 이렇게 체결된 레위기 언약은 하나님의 거룩한 백성과 소통하기 위한 방법을 제시함으로 '어떻게 하나님과 함께 살아갈 수 있는지'를 자세하게 설명하고 있다.

하나님과 맺은 언약의 말씀이 사람의 마음을 사무치게 하고, 사람이 언약의 말씀대로 살아서 하나님의 마음을 사무치게 한다면 하나님과 사람 사이에 진정한 소통이 이루어지지 않을까?

언약의 증표인 성막에 임재하시는 하나님과 소통하기 위해서는 먼저 죄의 문제를 해결해야 한다. 죄인은 거룩하신 하나님과 교제할 수 없기 때문이다. 레위기에는 하나님과 소통하기 위한 5대 제사가 있다. 죄와 허물의 문제를 해결하는 속죄제와 속건제는 죄 사함을 위해, 생명과 재물을 드려 헌신을 고백하는 번제와 소제는 하나님과 거룩한 관계를 맺기 위해, 하나님과 이웃을 화목하게 하는 화목제는 사람을 사랑하고 세상을 축복하기 위해 드렸다.

히브리서 기자는 성막의 실체이신 예수 그리스도가 참 제물이 되어 십자가에서 죽으심으로 레위기의 5대 제사가 완성되었음을 선언했다. 이렇게 그리스도의 희생으로 죄 사함을 받고 왕 같은 제사장이 된 거룩한 백성은 '서로 사랑하라'는 새 계명을 기준으로 삼아 하나님을 기쁘시게 하는 산 제물로 살아야 한다. 하나님은 거룩하시기 때문이다.

하나님과 소통할 수 있는 거룩한 백성의 구별된 생활은 어떤 것일까? 레위기에는 5대 제사법과 함께 5대 거룩법이 있다. 그것은 음식, 질병, 풍속, 직분, 절기에서 세상과 구별되어 거룩하게 사는 방법이다. 만약 부정한 음식과 부정한 행동이 기준이 되는 생활을 하면 부정한 사람이 될 것이다.

반면 하나님의 약속이 기준이 되는 거룩한 생활을 하면 그 약속의 하나님이 사람을 거룩하게 하시지 않겠는가? 거룩한 백성이 언약의 말씀으로 하나님과 깊은 관계 속에서 사는 것이야말로 우리의 존재 이유가 된다. 그러므로 우리는 먹고 살기 위해서 존재하는 것이 아니라 거룩하기 위해서 존재하는 것이다.

부정한 음식을 먹고 부정한 행동을 함으로 생긴 질병은 모두 살과 피에 대한 질병이다. 음식으로 구별된 식생활과 질병에서의 거룩한 생활은 하나님이 주신 신성한 육체를 건강하게 유지하는 방편이 된다. 세상 풍속에서 거룩한 생활은 하나님을 섬기고 이웃을 사랑하는 것이다. 그리고 제사장 직분에서 거룩한 생활은 공동체를 잘 돌보기 위한 것이다. 또한 절기에서 거룩한 생활은 하나님을 중심으로 아름다운 공동체 생활을 하기 위함이다.

이런 레위기의 5대 거룩법은 세상에서 하나님의 백성이 "내가 거룩하니 너희도 거룩할지어다"(레 11:45)라는 하나님의 거룩으로 사는 것을 의미한다. 그것은 먼저 자신에 대해서는 떡으로만 사는 것이 아니라 하나님의 말씀으로 마음까지 깨끗하게 사는 것이며, 각색 질병에서 예수 그리스도의 살과 피를 먹는 성찬으로 영혼까지 깨끗해지는 거룩한 생활을 말한다.

또한 세상을 향해서는, 그리스도가 명하신 새 계명인 사랑의 하늘 풍속으로 하나님이 보시기에 악한 세상풍속을 정화하는 거룩한 생활을 말한다. 그리고 공동체를 향해서는 왕 같은 제사장 직분을 소유한 거룩한 백성이 공동체를 축복하며, 하나님께 예배하는 절기의 축제 속에서 그분과 소통하는 친밀한 관계의 거룩한 생활을 말한다. 그러므로 거룩한 생활은 인생 존재의 가치를 발견한 자들의 이유 있는 삶이 된다.

사람들은 소셜 네트워크(SNS)와 같은 거대한 사이버 광장에 모여 소통의 욕구를 해소하며, 자신의 존재를 느끼고, 삶의 의미를 찾고 있다. 그러나 사람이 진정한 존재감과 삶의 의미를 찾으려 한다면 레위기는 지루한 책이 아니라 가장 유익한 인생의 매뉴얼과 같은 책이 되어줄 것이다. 우리는 레위기를 통해서 하나님과 소통하는 방법을 배워야 한다. 그분과 소통이 안 되는 불순종으로 고통이 오고, 소통이 잘되는 순종으로 형통이 온다고 레위기는 결론을 맺는다.

4. 민수기의 광야와 가나안

— 하나님의 백성은 광야 같은 세상에서 어떻게 살아야 하는가?

여호와는 네게 복을 주시고 너를 지키시기를 원하며 여호와는 그의 얼굴을
네게 비추사 은혜 베푸시기를 원하며 여호와는 그 얼굴을 네게로 향하여
드사 평강 주시기를 원하노라 할지니라 하라 그들은 이같이 내 이름으로
이스라엘 자손에게 축복할지니 내가 그들에게 복을 주리라 민 6:24-27

고난은 참으로 신비롭다. 고난에는 여러 색깔이 있다. 성경은 이 신
비로운 고난을 어떻게 말하는가? 바로 연단, 즉 훈련을 위한 고난이라
말한다. 광야의 어미 독수리는 새끼 독수리가 자라 날갯짓을 할 때가
되면 둥지에서 떨어뜨려 버린다. 훈련을 위해서다. 그러면 새끼 독수리
는 추락하지 않으려 날갯짓을 하면서 발버둥친다.

그러나 아직 날개에 힘이 없는 새끼는 계속 추락하고, 땅에 닿기 직전에야 어미 독수리는 새끼를 날개로 받아 다시 높은 곳으로 향한다. 그리고 다시 떨어뜨린다. 이런 반복적 훈련을 통해 마침내 새끼 독수리는 바람을 타고 하늘을 나는 창공의 제왕으로 거듭난다. 이것이 바로 고난을 통한 연단이다.

하나님의 백성들이 애굽의 종살이에서 탈출한 후 홍해를 건너 시내산에 도착해 하나님과 언약을 체결한 지 막 일 년이 지났다. 그들은 하나님의 백성이었지만 갓 태어난 어린아이와 같았다. 사도행전에서 스데반이 말하는 '광야교회'는 이렇게 시작되었다.

하나님은 광야교회를 출발시키기 전에 구별된 자들을 세우시고, 그들에게 거룩한 임무를 맡기셨다. 그들은 레위인과 제사장들이었다. 또한 사람이 자신을 구별하여 하나님께 드린 나실인이 있다(레위인, 제사장, 나실인. 그들의 앞 자를 모으면 '레제나'라는 이름이 된다).

하나님께서 구별시키신 레위인처럼 유월절 어린양의 희생으로 성도가 되어 사람을 사랑하고 세상을 축복하는 왕 같은 제사장으로 사는 것, 나실인처럼 세상과 구별되어 하나님께 자신을 드리는 것이 오늘날의 레제나로 사는 것이다. 약속의 땅을 향해 떠나는 광야의 여정에서 레제나가 어떻게 살아야 되는지 그 이름에서 분명히 알 수 있다.

광야교회는 일 년 동안의 준비기간을 거쳐 장엄하고 거룩하게 출발했다. 그런데 거룩해야 할 백성이 먹고 사는 문제로 원망과 탐욕을 갖게 되면서 그들의 거룩은 무너졌다. 마음에서부터 출발한 원망과 탐욕은 걷잡을 수 없이 번져 나갔다. 권면과 축복의 말을 해야 할 백성의 지도자 아론과 미리암은 모세를 비방했고, 백성들은 약속의 땅으로 인도하시는 하나님을 믿지 못했다.

결국 여호수아와 갈렙을 제외한 모든 사람이 애굽으로 돌아가자며 불신앙을 고백했다. 하나님의 백성답게 살아가기에는 아직 어린 아이와 같았던 이들에게 광야 40년의 시간은 징계가 아니었다. 그것은 하나님의 백성답게 살게 하기 위한 훈련이었다.

히브리서의 기자는 하나님의 자녀들은 징계를 통한 훈련으로 하나님의 아들로 대우받게 된다고 했다. 하나님의 백성답게 살기 위해서 그들이 받아야 할 훈련은 아직도 첩첩산중이었다.

그들은 하나님을 신뢰하지 못했고, 결국 고라를 포함한 몇몇 레위인들과 지도자급 250명이 아론의 제사장 직무에 제동을 거는 일이 발생했다. 하나님은 자만하여 분수에 지나친 행동을 한 고라를 땅이 삼키게 하셨고, 250명은 불로 치셨다.

이런 무지막지한 일이 벌어지는 광야에서 민족의 최고 지도자 모세마저 먹는 물로 인해 하나님의 거룩을 나타내지 못하는 어처구니없는 사고가 발생한다. 또한 계속되는 원망으로 백성들이 불뱀에 물려 죽는 불상사까지 겹친다. 시간이 좀 흘러 괜찮은가 싶었는데, 발람의 꾀에 빠져 그만 우상숭배와 음행을 저지르고 만다. 이런 최악의 사태로 24,000명이 죽었다.

민수기는 이런 훈련을 통해 하나님의 백성이 광야 같은 세상에서 버려야 할 것들을 보여준다. 우리는 애굽 같은 세상에서 살던 옛 사람의 옛 성품인 원망, 탐욕, 비방, 불신앙, 자만, 혈기, 우상숭배, 음행

등을 버려야 한다. 또한 세상에 사는 이 시간을 신앙을 고백할 기회와 하나님의 거룩을 나타낼 기회와 원수에게 축복 받을 기회로 삼아야 한다.

광야 같은 세상에서 잘 사는 것이란, 여호수아와 갈렙처럼 하나님의 약속을 믿고 하나님을 기쁘시게 하는 신앙고백을 하는 것이다. 그것은 그리스도가 내게 주인 되시는 성령 충만한 상태로 옛 사람의 옛 성품을 버리는 기회가 된다. 세상에서는 원망할 기회가 굉장히 많다. 그러므로 하나님의 거룩을 나타낼 기회도 많다.

내 옛 사람은 죽고 새 사람, 예수 그리스도의 사람으로 사는 것이 광야 같은 세상에서 하나님의 거룩을 나타내는 것이다. 세상을 살다 보면 저주, 핍박, 비방을 당할 때가 있다. 그때마다 새 사람의 새 성품으로 사랑하고 축복한다면, 하나님이 기뻐하시고 원수라도 화목하게 해주시는 은혜로 원수들의 축복까지 받게 될 것이다.

민수기는 하나님의 백성이 광야 같은 세상에서 어떻게 살아야 하는지를 보여준다. 약속의 땅을 향해 떠나는 광야교회를 '경계의 거울'로 삼고, 더 나은 본향을 향해 떠나는 나그네 인생길에서 성도의 삶을 '본의 거울'로 삼아야 하지 않겠는가! 예수를 믿고서도 불신자처럼 살지 않고 하나님의 자녀로 살기 위해 받는 훈련은 아름다운 고난의 연단이다.

5. 신명기의 행복과 행복자

— 하나님은 사람의 행복을 어디에 감추셨는가?

이스라엘아 네 하나님 여호와께서 네게 요구하시는 것이 무엇이냐 곧 네 하나님 여호와를 경외하여 그의 모든 도를 행하고 그를 사랑하며 마음을 다하고 뜻을 다하여 네 하나님 여호와를 섬기고 내가 오늘 네 행복을 위하여 네게 명하는 여호와의 명령과 규례를 지킬 것이 아니냐 신 10:12,13

모 일간지에 '행복은 어디에 있나'라는 주제로 행복에 대해 소개된 내용이 있었다. 행복은 돈, 옷, 밥, 책, 친구, 집, 성공, 여행, 외모 등에 있는 것이 아니라 우리 마음에 있다고 정답처럼 말한다. 신문에 실린 이 내용을 읽은 사람들은 행복에 대해 어떤 생각을 할까?

정말 행복은 마음먹기에 달린 것일까? 만약 사람들의 마음속에도 행복이 없다면 과연 참 행복은 어디에 있는 것일까? 성경은 행복에 대해서 뭐라고 말할까? 점점 더 궁금해진다. 또한 기대도 된다.

신명기는 레위기를 본문으로 쓴 모세의 설교이다. 그는 먼저 과거의 '아름다운 추억'을 설교한다. 그리고 현재 주어진 '율법에 순종하라'고 설교한다. 마지막은 정년퇴직하는 원로목사의 고별설교 같다.

그는 여호수아에게 대권을 물려주고, 백성에게는 미래에 닥쳐올 불행을 선택하지 말고 행복하기를 선택하라고 외친다. 과거처럼 불신앙으로 살면 미래는 행복이 아니라 저주일 것이기 때문이다. 인생여정 120년 중 40년간 하나님과 대면했던 모세의 설교는 현재 속에서 과거와 미래를 통찰하고 있다.

이스라엘 백성들은 과거 40여 년 동안 원망과 불평, 불신앙으로 하나님의 징계를 받았던 뼈아픈 사연을 가지고 있었다. 하나님의 인도하심과 보호하심이 없었다면 그들은 광야에서 모두 죽었을지 모른다. 구름 기둥과 불기둥으로 인도해주신 하나님께서는 먹을 것과 마실 것 그리고 입을 것과 신을 것이 떨어지지 않게 해주셨다.

또한 아모리 왕 시혼과 바산 왕 옥과의 전쟁에서 승리하게 하셨고, 요단 동편의 땅도 차지하게 하셨다. 모세의 기억 속에서 하나님의 은혜로 살았던 수십 년의 세월이 그렇게 주마등처럼 스쳐 지나갔다.

이제 모세에게 무엇보다도 중요한 것은 과거의 역사를 잘 모르는 새로운 세대에게 어떤 것이 가장 행복한 세상살이인지를 알려주는 것이었다. 모세는 그들에게 '하나님의 요구'가 '사람의 본분'이라고 말한다. 하나님의 요구는 율법에 순종하라는 것이고, 사람의 본분은 율법에 순종하는 것이다.

운전자가 교통법규를 어기면 벌금을 내야 한다. 그러나 이런 규정을 만든 목적은 벌금을 내게 하기 위한 것이 아니라 운전자의 생명과 안전을 지키기 위한 것이다. 마찬가지로, 하나님이 율법으로 주신 십계명은 우리로 천 대까지 축복 받는 영성으로 땅에서 잘 되고 장수하게 하시려는 사랑의 표현이다. 그러므로 행복의 기준은 하나님의 말씀인 계명에 있다.

또한 '율법에 순종하라'는 말의 핵심은 '하나님을 사랑하라'는 것이다. 누구든지 하나님을 사랑한다고 하면서 형제를 미워하면 하나님을 사랑하지 않는 것이 된다. 눈에 보이는 형제도 사랑하지 못하면서 보이지 않는 하나님을 사랑할 수 없기 때문이다.

결국 '하나님을 사랑하라'는 사람의 본분은 사람을 사랑하고 축복하는 것이 된다. 또한 그 본분을 잘 수행하면 하나님께 복을 받고, 최고로 행복한 행복자로 살게 된다.

우리는 학교에서 교수가 내준 숙제도 밤을 새워가며 열심을 다한다. 하물며 하나님이 내주신 '사랑하고 축복하라'는 행복한 명령은 우리의 마음과 뜻과 목숨을 다해 행해야 할 것이다. 그래서 모세는 생명과 사망과 복과 저주가 있는 세상에서 행복한 삶을 살게 하기 위해 '생명을 택하고 순종하라'고 마지막까지 외친다.

세상 사는 동안 행복하기를 선택하고 하나님을 사랑하면 가난해도 살 길이 있고, 질병에 걸려도 사는 길이 있고, 부족해도 넘치는 은혜의 행복이 있다. 그러나 신명기의 행복발전소가 가동되어도 그리스도가 주인 되시는 행복생태공원에서 살지 않으면 불행하다. 또한 행복연구소에서 아무리 행복을 연구해도 불행해진다.

참된 행복이 행방불명된 세상에서 행복을 찾을 수 있는 주소는 어디일까? 사단은 오늘도 가짜 행복론을 진짜처럼 포장해 사람들로 하여금 거기에 몰두하게 한다. 그렇게 해서 진짜 소중한 가치를 잃어버리게 한다. 혹시 우리도 가짜 행복론에 속아 하나님이 준비하신 참행복을 모르고 살아가고 있는 건 아닐까? 천하보다 귀하게 창조된 사람이기에 그에게 천하를 다 준다 해도 행복하게 할 수 없다.

솔로몬의 부귀영화로도 채울 수 없었던 사람의 행복은 창조주의 말씀으로 그리스도를 통해서만 채울 수 있다. 그럴 때 사람은 진정으로 행복을 누리게 된다.

성경을 읽으며 복음 없는 내용만을 지식으로 채운다면, 거기에는 생명이 없다. 또한 성경이 말씀하시는 내용의 진리가 없는, 말뿐인 복음은 지지력이 약하다. 정확한 성경의 내용으로 채워진 정확한 복음은 성경의 중심내용을 관통한다. 성경은 복음이 움직이는 내용을 말한다. 복음이 움직일 때 성경의 중심내용이 만들어지고, 그 복음은 성경의 내용에 담기게 된다. 그러므로 성경의 내용 안에 복음이 담겨 있고, 그 복음 안에는 그리스도가 있다.

모든 보화가 감추어져 있는 그리스도 안에 사람의 행복도 감추어져 있다. 우리는 예수 그리스도, 그분에게서만 참 행복을 찾을 수 있다. 그분 안에 감추어져 있는 사람의 행복을 보물찾기하듯 찾아 누려야 하지 않겠는가!

하나님의 마음으로 신명기 묵상하기

• 하나님은 사람의 행복을 어디에 감추셨는가?
  감추어진 행복을 찾으려면 어떻게 해야 하는가?

• 행복하기를 선택하겠는가, 불행하기를 선택하겠는가?
  행복하기를 선택한 자는 어떻게 행동하는가?

• 가짜 행복론과 진짜 행복론은 어떻게 구별할 수 있을까?
  가짜 행복론과 진짜 행복론의 차이점은 무엇일까?

1000 999 998 997 996 995 994 993 992
990 989 988 987 986 985 984 983 982
980 979 978 977 976 975 974 973 972
970 969 968 967 966 965 964 963 962
960 959 958 957 956 955 954 953 952 951 950
948 947 946 945 944 943 942 941 940 939 938
936 935 934 933 932 931 930 929 928 927 926
924 923 922 921 920 919 918 917 916 915 914
ROMANS
ROMANS
Romans
ROMANS
ROMANS
Romans
ROMANS
ROMANS
Romans

3
PART

로마서
1000독의
실제

성경은 인생의 목적을 명확하게 기록하고 있다. 그런데 인생의 목적을 정확하게 아는 사람은 그리 많아 보이지 않는다. 그만큼 인생의 목적은 사람마다 서로 다르다. 또한 성경과도 다르다. 성경이 정해 놓은 인생의 목적은 하나님을 경외하는 것이다.

세상에 태어났다면 두 번의 큰 기회를 반드시 붙들어야 한다. 첫째, 예수 그리스도를 주(主)로 믿을 수 있는 기회이다. 세상에 사는 날 동안 하나님을 경외하는 기회를 절대로 놓쳐서는 안 된다. 둘째, 자녀들이 하나님을 사랑하도록 그들을 부지런히 가르치는 기회이다. 하나님을 경외하며 사랑하는 것이 사람의 본분이며, 동시에 가장 큰 행복이라고 하나님이 정해 놓으셨기 때문이다.

하나님이 요구하시면 그것이 사람의 본분이 된다. 하나님의 요구는 결국 그분께 순종하는 것이다. 순종이 그분을 경외하는 것이기 때문이다. 창세기에는 이삭의 번제 사건이 등장한다. 하나님께서는 아브라함에게 자손을 약속하시고 약속대로 이삭을 주셨다.

그런데 놀랍게도 장성한 이삭을 번제로 바치라고 하신다. 더욱 놀라운 것은 아브라함이 자기 목숨보다 소중히 여겼던 이삭을 번제로 바치기 위해 그를 결박하고 칼을 들었다는 것이다. 그때 하나님께서 더 놀라신 것 같다. 다급한 목소리로 아브라함을 부르시며 이삭을 해하지 못하게 하셨다. 아브라함이 하나님의 말씀에 순종하는 것이 쉬운 일이었다면 아마도 광야시대를 살았던 이스라엘 백성이 불순종하지 않았을 것이다.

그것은 지금도 마찬가지다. 그러나 하나님을 사랑하게 되면 상황이 달라진다. 그분의 계명인 말씀을 지키는 순종을 하게 된다. 그러므로 하나님을 경외한다는 것은 그분을 사랑하여 그 말씀을 듣고 순종하는 것을 의미한다.

그렇다면 우리는 어떻게 하나님을 사랑할 수 있을까? 하나님은 우리의 마음에 감동을 주셔서 그분을 사랑하게 하사 순종하게 하신다. 모든 성경은 하나님의 감동으로 기록되었다(딤후 3:16). 성경을 읽으면 그 감동을 느낄 수 있다. 특히 로마서를 읽음으로 순종하고자 하는 열망을 품게 되길 소망해 본다.

01

로마서 1000독의 비결

지식이 아닌 순종을 향해

자동차의 구조와 정비에 대한 지식을 잘 안다고 해서 운전도 잘하는 것은 아니다. 반대로 자동차에 대한 지식이 조금 부족하고 고장 난 자동차를 고치지는 못해도 운전은 잘 할 수 있다.

교회를 오래 다녔다고 해서 신앙생활을 잘 하는 것은 아니다. 신학대학에서 신학을 전공했다고 해서 다 믿음이 좋다고 말할 수도 없다. 믿음은 지식이 아니라 하나님의 말씀에 대한 순종이기 때문이다.

믿음은 공부나 연구로 되는 것이 아니라 경건에 이르기를 연습하는 삶 속에 나타나는 은혜이다. 이런 은혜가 나타나는 사람들의 공통점은 "이 율법책을 네 입에서 떠나지 말게 하며 주야로 그것을 묵상하여 그 안에 기록된 대로 다 지켜 행하라 그리하면 네 길이 평탄하게 될 것이며 네가 형통하리라"라는 여호수아 1장 8절의 말씀처럼 하나님의 말씀을 주야로 읊조리는 것이다.

믿음의 충전기

《도전! 성경 1000독》을 출간한 후 갓피플에서 인터뷰 요청이 있었다. 인터뷰 중 "누구나 1000독을 할 수 있다는 게 정말인가요?"라는 질문을 받았다.

예수 그리스도는 인류를 구원하시기 위해 십자가 고난을 당하셨다. 그로 인해 인간은 '누구나' 구원받을 수 있게 되었다. 그러나 '아무나' 구원받지는 못한다. 이와 같이 '누구나' 1000독에 도전할 수 있다. 그러나 '아무나' 할 수는 없다.

그런데 누구라도 도전하면 1000독을 할 수 있는 비결이 있다. 성경 66권 중에서 먼저 한 권을 선택해 도전하는 것이다. 성경읽기는 큐티나 성경공부와 그 패턴이 전혀 다르기 때문에 1000독이 가능하다.

내가 목회하는 죠이교회에서는 오래전부터 연말이 되면 '말씀카드 뽑기'가 아니라 '1000독 카드 뽑기'를 시행해오고 있다. 우리 교회에는 어린아이부터 어른까지, 일 년에 한 권을 1000독 할 수 있는 프로그램이 있다(창세기부터 요한계시록까지 순서대로 읽는 프로그램도 병행하고 있다). 교회 카톡방을 통해 가정별로 매주 1000독 누계를 올리게 함으로 서로 격려하고 도전 받게 한다.

이런 프로그램은 독특하다. 그래서 사람들의 질문을 많이 받는다.

"왜 성경을 많이 읽어야 하나요? 특히 1000독씩이나?"

성경의 한 책을 1000번이나 반복해서 읽는 것은 매우 독특한 성경 읽기 방식이다. 반복적인 읽기의 목적은 말씀을 '충전'하는 데 있다. 성경읽기는 영적인 일이고, 성령의 감동으로 역사하여 믿음을 발생시키는 안전하고 확실한 '믿음의 충전기'인 셈이다.

또한 점점 속도를 높여 빨리 읽는 것도 말씀을 중단 없이 읽게 하는 방법이다. 천천히 읽다보면 대부분의 사람들은 어느 날 갑자기 성경읽기를 중단하기 쉽다. 하지만 빨리, 반복적으로 여러 번 읽다보면 어느새 성경을 지속해서 읽고 있는 자신을 발견하게 된다.

특히 로마서 1000독을 강조하면, "왜 로마서를 1000독 해야 하나요?"라는 질문을 많이 받는다. 다른 성경보다 로마서를 먼저 반복해서 읽는 것은 '복음의 핵심'을 업데이트해서 내 생각을 하나님의 생각으로 바꾸기 위함이다.

로마서는 성경 66권 중 한 권이지만, 성경 전체의 결론을 꿰뚫어볼 수 있는 내용을 담고 있다. 성경을 반복적으로 읽어야 하는 독자가 성경의 결론을 미리 알고 읽는다면 큰 도움을 얻을 수 있을 것이다. 그렇기 때문에 나는 로마서를 먼저 읽도록 권한다.

영어로 로마서 읽기가 가능한 학생이 있다면 학습에도 큰 도움을 얻게 된다. 10년 전쯤 《마가복음 영어로 통째로 외우기》와 《로마서 영어로 통째로 외우기》를 출간한 김다윗 선교사는 한국의 고신대학, 싱가포르의 트리니티신학대학, 모스크바 국립 차이코프스키음악원, 일본 성서대학원에서 공부했으며, 적지 않은 세월을 선교지에서 보내며 교회를 개척하고 신학교에서 강의했다.

그는 "언어는 학문이 아니다. 그것은 기능이다. 그리고 신앙은 관념이 아니다. 그것은 생명 바쳐 살아야 할 사명이다"라고 말했다. 그의 자녀교육 또한 남달랐다. 그의 자녀들은 기독교 세계관에 맞춘 홈스쿨링으로 성장했고, 그들의 이야기는 공중파 방송과 기독교 방송에 방영되었다.

그의 홈스쿨링의 가장 큰 비결은 하나님의 말씀을 날마다 읽고 외우게 하는 것이다. 만일 로마서 한 권을 암송하거나 1000번 정도 읽게 되면 복음의 핵심을 관통하게 된다.

우리 아이들도 성경암송과 성경읽기에 많은 시간을 보냈다. 100구절이 넘는 산상수훈, 골로새서, 빌레몬서 등을 암송했으며, 그중에서도 둘째아이는 로마서 암송에 도전하여 이제 고지를 눈앞에 두고 있다. 하나님의 말씀을 읽고 암송함으로 얻는 가장 큰 유익은 이 땅을 살아가는 동안 '믿음으로 순종'함으로 행복한 삶을 누리는 것이다.

일단 시작하고, 끝까지 하라

로마서 한 권을 암송하거나 1000독 하는 것은 쉽지 않다. 그러나 약간의 팁(tip)을 가지고 있다면 도전을 시작할 수 있다. 그 원리는 매우 간단하다. 일단 시작하고, 끝까지 하는 것이다.

1. 먼저 로마서를 10독 한다. 그리고 10회 반복하여 100독이 되면, 그와 같은 방식을 10회 반복해 1000독에 도전한다.

2. 하루 3독을 목표로 할 경우 일 년 정도면 1000독이 가능하다.

3. 읽는 횟수가 늘어나면 속도를 높이는 게 좋다.

4. 100독이 될 때까지는 읽는 데 우선순위를 둔다.

5. 100독 이후는 구조적인 내용을 파악하는 데 중점을 둔다 : 복음의 이론적 내용(1-11장)과 실제적 내용(12-16장)을 파악한다.

6. 300독 이후는 세부적 내용을 파악하는 데 집중하면 좋다 : 복음의 핵심(1-3장), 복음을 믿어 개인 구원(4장), 복음의 효력(5-8장), 복음의 효력을 믿어 열방 구원(9-11장), 복음의 방법(12-15장), 복음의 확산(16장)

7. 500독 이후는 저자의 의도를 파악하는 데 초점을 맞춘다 : 하나님은 왜 바울을 통해 로마서를 쓰셨는가?

8. 로마서의 핵심 단어가 무엇인지, 3-5개 정도 적어본다.

9. 800독부터는 독자의 자기 반응에 대해 묵상하며 읽는다.

10. 1000독을 마치면 새로운 도전이 생길 것이다. 바로 멈추지 않는 순종의 삶이다. 이 세상에서 하나님을 제일 사랑하고, 그분의 말씀을 사랑하며, 그 말씀에 순종함으로 말씀이 육신이 되신 예수 그리스도의 모습이 자신의 캐릭터가 되도록 하는 도전이다. 이것이 진정으로 새로운 종교개혁이다.

로마서 1000독을 속청독으로 하는 방법

아나운서가 평범한 속도로 로마서 한 권을 녹음하면 약 40분 정도 소요된다. 이 속도로 하루에 3독해서 일 년 동안 1000독을 하려면 매일 약 2시간이 필요하다. 일상적인 생활을 하면서 하루에 2시간을 투자하는 일은 그리 쉽지 않다. 그런데 만일 시간을 줄일 수 있다면 한번 해 볼만 하지 않겠는가?

로마서를 2배속으로 들으면 약 20분이 소요되고, 1시간 안에 3독을 할 수 있다. 3배속이면 약 13분, 40분 만에 3독이 가능하다. 만약 4배속으로 읽고 들을 수 있다면 약 10분, 30분이면 3독에 도달할 수 있다. 나는 수 년간의 훈련으로, 읽는 데 50시간 걸리는 신구약 성경을 5시간 만에 읽을 수 있을 정도로 숙달되었다. 그래서 로마서는 약 5분이면 일독할 수 있다. 물론 내용을 감지하면서, 또한 하나님이 깨닫게 하시는 지혜도 가끔 누리면서 말이다.

보통 사람들이 처음에 2배 속도로 들으면 말이 안 들릴 정도로 빠르다고 느낀다. 그래서 1.4배속 또는 1.6배속으로 듣는 경우도 있지만, 그럼에도 2배속을 매일 1시간 이상 듣는 훈련을 하면 빠르면 일주일, 늦어도 한두 달 정도면 잘 들린다. 더 잘 들으려면 2배속, 3배속, 4배속을 순차적으로 들은 후에 다시 3배속, 2배속을 들으면 된다.

뇌의 청각 기능은 빠른 속도를 따라가기 때문에 2배속만 들을 때보다 4배속을 듣고 난 후에 2배속을 들으면 훨씬 잘 들린다. 자녀들에게 로마서를 영어로 듣게 하면 학습능력도 배양되기에 일석이조의 효과를 얻을 수 있다.

로마서의 구조 알기

로마서의 중심 주제는 하나님의 복음을 통해 예수 그리스도를 구주로 믿어 하나님께 순종하는 데 있다. 이것은 성경의 기록 목적이기도 하다.

그로 말미암아 우리가 은혜와 사도의 직분을 받아 그의 이름을 위하여 모든 이방인 중에서 믿어 순종하게 하나니 롬 1:5

나의 복음과 예수 그리스도를 전파함은 영세 전부터 감추어졌다가 이제는 나타내신 바 되었으며 영원하신 하나님의 명을 따라 선지자들의 글로 말미암아 모든 민족이 믿어 순종하게 하시려고 알게 하신 바 그 신비의 계시를 따라 된 것이니 이 복음으로 너희를 능히 견고하게 하실 지혜로우신 하나님께 예수 그리스도로 말미암아 영광이 세세무궁하도록 있을지어다 아멘

롬 16:25-27

이 로마서를 크게 분류하면 두 개로 나눌 수 있다. 먼저 전반부(1-11장)에서는 믿음으로 구원받을 때 나타나는 현상으로, 복음이 세상과 만날 때 벌어지는 상황이 전개되고 있다. 죄인은 자기 영광을 위해 살고, 의인은 하나님의 영광을 위해 산다. 그리스도를 믿어 창조주에게 순종하게 하는 복음은 믿음생활, 복음생활이다.

하나님은 불순종하는 피조물을 순종하게 하는 믿음을 주기 위해 복음으로 오셨다(1-3장). 하나님의 은혜인 믿음으로 만나는 복음

은 아브라함을 의롭게 했고, 다윗을 복되게 했다(4장). 모든 사람에게 차별이 없는 복음은 하나님의 자녀가 된 성도들에게 나타나는 환난의 세상살이에서 생명이 왕 노릇 하고 순종의 종노릇함으로 성령의 인도함을 받는 새로운 삶의 방식을 통해 넉넉히 이기게 한다(5-8장).

믿음을 통해 복음을 만난 아브라함과 그 믿음의 후손들의 구원은 혈통이나 육정, 사람의 뜻으로 나는 것이 아니다(요 1:13, 롬 9:8). 오직 약속의 자녀가 참 이스라엘이다(롬 4:11, 눅 19:9). 그러므로 약속의 씨를 통해 구원의 복음이 전 세계에 전파된다. 또한 예수 믿는 사람들은 약속의 족보이다(9-11장).

그리고 후반부(12-16장)에서는 구원받고 믿음으로 사는 방법으로, 복음이 세상을 만나서 구원하는 과정이 전개된다. 복음이 있는 성도의 생활은 산 제사와 아가페로 하나님의 나라를 세우는 열방 구원으로 나아가고, 이를 통해 세계 선교가 확산된다(12-16장).

순종의 문제를 해결하는 믿음

사람들은 누구나 저주를 받기보다 복을 받기 원한다. 하나님께 순종하면 하늘의 신령한 복으로 인해 나는 죽고 예수로 사는 복된 삶을 누릴 수 있다. 성경에서 말씀하는 복은 사람이 생각하는 복과 다를 수 있지만, 하나님이 주시려는 복을 받으려면 그분의 말씀에 순종해야 한다. 문제는 순종이 쉽지 않다는 것이다. 하나님의 말씀대로 살아 보고 싶은데 여전히 쉽지 않다. 사람이 생각하는 이유는 여러 가지일 수 있지만 성경이 제시하는 이유는 단 한가지다. 그 이유를 '믿음'이라고 한다. 하나님께 순종하게 하는 것은 오직 믿음이다. 로마서는 예수 그리스도를 생명의 주인으로 믿어 창조주 하나님께 순종하게 하는 복음의 목적을 분명하게 제시한다.

이 세상의 모든 나라는 잘사는 복지 세상을 꿈꾸며 그 길로 가고 있다. 그러나 사실 사람에게는 복지의 문제보다 생존의 문제가 더 중요하다. 성경은 지식의 문제가 아니라 믿음의 문제이다. 믿음이 생명을 가져다주기 때문이다.

하나님은 여러 가지 세상살이를 통해 우리가 믿음으로 순종하는지 시험하고 확증하신다. 또 구원받은 백성을 믿음으로 순종하게 해서 거룩한 삶으로 이끌어 가신다. 믿음의 문제가 얼마나 중요한지는 생존의 문제와 다를 바가 없다. 복음의 핵심이 기록된 로마서를 읽으면 복음의 목적인 순종의 문제를 해결하는 믿음을 얻게 될 것이다.

갇힌 자를 자유하게

나 여호와가 의로 너를 불렀은즉 내가 네 손을 잡아 너를 보호하며 너를 세워 백성의 언약과 이방의 빛이 되게 하리니 네가 눈먼 자들의 눈을 밝히며 갇힌 자를 감옥에서 이끌어 내며 흑암에 앉은 자를 감방에서 나오게 하리라 사 42:6,7

예수 그리스도의 복음 사역은 어둠에 갇힌 자들을 감옥에서 나오게 한다. 감옥은 어떤 공간에 갇혀 있는 것으로, 감옥이 아닌 다른 공간과 사이가 벌어진 것을 의미한다. 공간(空間), 시간(時間), 세간(世間), 인간(人間) 등은 모두 '간'(間)에 갇혀 있다.

인간은 세간의 세상살이에 갇혀 살면서 어떤 공간의 간격 사이를 벗어나지 못한다. 또한 과거와 현재 그리고 예측하기 어려운 미래의 간격 사이에 갇혀 산다. 특히 인간은 생각에 갇혀 살면서 시각, 청각 등의 오감의 기능을 통해 알게 된 것에만 의존한다. 로마서는 하나님을 인식하지 못하는 죄의 감옥에 갇힌 자들이 복음을 통해 그곳에서 빠져 나오는 방법을 구체적으로 제시한다.

성경은 인간과 하나님의 본질에 대해 말한다. 본질적인 죄인이 성경을 통해 창조주 하나님의 뜻과 계획을 알 수 있다면 그 자체가 은혜이다. 인간의 죄가 하나님과 인간 사이의 간격을 멀어지게 했다. 그 간격을 좁힐 수 있는 방법은 오직 복음뿐이다. 천국과 지옥은 이 땅에 사는 동안 좌우되는데, 여기 살면서 새 하늘과 새 땅의 천국과 간격을 좁힐 수 있는 방법은 오직 복음뿐이다.

복음은 하나님과 인간의 간격, 세간의 공간과 천국의 새로운 공간의 간격을 좁힐 뿐만 아니라 인간과 인간의 간격도 좁힌다. 그리스도가 내 안에 임마누엘로 오심으로 인간과 하나님 사이의 간격이 무너졌다. 이렇게 간격의 무너짐을 경험한 하나님의 자녀들은 임마누엘 되신 그리스도 안으로 들어가야 한다. 그리스도가 내 안에 들어오시는 것이 구원이고, 내가 그리스도 안에 들어가는 것이 순종이다.

하늘의 비밀을 담은 책

로마서는 총 16장으로 구성되어 있다. 16장은 서신의 마지막 인사말이다. 15장에 보면 바울은 일루리곤까지 복음을 편만하게 전하고 로마에 들렀다가 서바나로 가려고 했다. 그는 당시 땅 끝으로 여겨지던 서바나(스페인)로 가기 전에 로마 교회의 기도 및 재정지원을 받고자 했다.

그는 3차 선교지인 에베소 지역을 떠나 마게도냐에서 고린도후서를 기록하고 고린도 교회를 방문한다. 고린도 교회에서 3개월 정도 머물면서 더 넓은 지역을 바라보며 복음의 진수를 기록하여 뵈뵈 편에 로마 교회로 보낸 것이 바로 로마서이다.

로마서는 선교현장에서 기록된 책이다. 역사적 관점에서 볼 때 로마서는 바울의 3차 선교여행을 마칠 무렵에 기록되었다. 이런 역사적 시간 속에서 하나님이 바울을 통해 로마서를 쓰게 하신 근본적인 목적은 복음적 관점에서 해석되어야 한다. 이 관점에서 로마서는 성경 전체에서 어떤 위치를 확보하고 있는가? 로마서는 하늘의 비밀스런 정보를 가득 담고 있는 보물과 같은 핵심적인 책이다.

원래 모든 성경은 하늘의 이야기를 땅의 문자로 전달하는 것으로 신비하고 비밀스런 내용을 담고 있다. 비밀스런 상대의 정보를 아는 방법은 비밀을 알고 있는 자에게 직접 듣는 방법과 몰래 해킹하는 방법이다. 후자는 불법이기도 하고, 외부에서 내부로 침투해 정보를 갖고 나오는 일은 상당히 어렵다.

이 세상은 정보 전쟁이 치열하다. 대학입시도, 취업도 정보가 무척 중요하다. 결혼하기 힘든 세상이니 결혼 정보도 중요하다. 주식에 대한 정보도 마찬가지다.

1930년 미국 네브래스카주(州) 오마하에서 사업가이자 투자가의 둘째 아들로 태어난 워런 버핏(Warren Buffett)은 20세기를 대표하는 미국의 사업가이자 투자가로 '투자의 귀재'라고 불린다. 역사상 최고의 성공적인 투자가인 그는 일 년에 한 번씩 자신과 함께 점심식사를 할 수 있는 특권을 경매에 붙여 화제가 되었다.

장난 같은 이야기지만 매번 억대의 응찰이 붙고, 실제로 210만 달러에 점심식사를 낙찰 받은 이가 있을 정도로 그와 만나는 것은 큰 가치와 의미를 지니고 있다. 그 시간에는 오마하의 현인 워런 버핏의 삶의 철학과 투자 철학이 조촐한 식사와 함께 제공된다. 세 시간에 걸쳐 그와 점심식사를 한 사람들 중 아무도 점심 값을 아까워하지 않았다고 한다.

돈을 벌 수 있는 정보를 얻기 위해서 수십억 원을 아까워하지 않는다면, 돈보다 중요한 정보를 얻는 데 무엇을 아까워할까? 돈보다 중요한 것이 생명이다. 성경은 영원한 생명에 대한 정보를 제공한다. 성경읽기를 통해 영원한 생명에 대한 정보를 얻을 수 있다면 성경읽기에 필요한 시간을 얼마든지 투자할 수 있을 것이다.

예전에 농협이 해킹을 당해 개인정보유출로 큰 어려움을 당한 적이 있다. 은행에 있는 개인정보도 굉장히 중요하다. 그런데 하나님께서 하늘의 정보를 그대로 설명하겠다고 하신다. 하늘의 이야기에는 엄청난 정보가 담겨 있다. 참으로 놀라운 일 아닌가!

하나님의 패스워드, 예수 그리스도

성경은 하늘의 비밀을 땅에 가져다주는 책으로, 비밀 덩어리가 담겨 있다. 그런데 사람들에게 알려주어도 무슨 말인지 잘 모른다. 컴퓨터를 못하는 사람에게는 컴퓨터가 재미없겠지만 잘 다룰 줄 아는 사람에게는 무궁무진한 재미를 준다. 일반적으로 성경이 재미가 없는 것은 다루지 못하는 컴퓨터, 해독이 안 되는 비밀 정보와 같기 때문이다. 분명히 한국말로 된 성경을 읽는데 마치 암호를 읽는 것 같다.

그렇다. 실제로 성경은 하늘의 정보이다. 그렇기에 누군가 비밀을 설명해주지 않으면 절대로 이해할 수 없다. 하늘의 정보가 땅에 전달되었고, 사도 바울은 땅의 언어로 전달된 성경의 비밀스런 내용을 이해하기 쉽게 풀어 놓았다. 그가 어느 정도 잘 풀어 놓았는지는 에베소서 3장을 보면 알 수 있다.

> 이러므로 그리스도 예수의 일로 너희 이방인을 위하여 갇힌 자 된 나 바울이 말하거니와 너희를 위하여 내게 주신 하나님의 그 은혜의 경륜을 너희가 들었을 터이라 곧 계시로 내게 비밀을 알게 하신 것은 내가 먼저 간단히 기록함과 같으니 그것을 읽으면 내가 그리스도의 비밀을 깨달은 것을 너희가 알 수 있으리라 엡 3:1-4

사도 바울은 성경을 읽으면 하늘의 비밀인 그리스도를 알 수 있다고 말한다. 예상 외로 성경의 비밀은 복잡하지 않고 간단하다. 성경은 하나님의 복음이고, 그 복음은 예수 그리스도의 복음이다. 결국 예수 그리스도를 알면 하늘의 모든 비밀을 관통하게 된다. 예수 그리스도는 비밀 문을 열고 들어갈 수 있는 패스워드와 같다.

로마서가 말하는 복음은 전혀 복잡하지 않다. 그 복음의 핵심은 로마서 1장 1-5절에 기록되어 있다. 성경은 예수 그리스도의 생애를 다루며 그분이 하나님의 아들이시라는 것을 증명하려는 내용을 전개한다. 그렇기에 일단 그분이 하나님의 아들로 믿어지면 비밀은 술술 풀리게 된다.

예수님이 오병이어의 기적, 죽은 사람을 살려내는 기적을 일으키신 것은 당신 자신이 하나님의 아들이심을 증거하는 표적으로 보이신 것이다. 예수는 그리스도이시다. 이것이 복음이다. 또한 비밀이다. 그분이 왜 메시아(그리스도)이신지는 구약에 이미 계시되었고, 신약에 분명하게 드러났다.

복음서에는 예수께서 병 고치는 사건이 여럿 등장한다. 그런데 사도행전에는 그리 많이 나오지 않는다. 베드로와 바울이 일으킨 기적이 있지만 사도행전의 전체 분량에 비하면 너무 적다. 사도행전에는 그보다 예수 그리스도의 부활 사건이 집중적으로 반복된다. 바울이 부활의 예수 그리스도를 만난 사건만 해도 사도행전 9장, 22장, 26장에서 세 번이나 반복적으로 등장한다.

즉, 사도행전 전체는 하늘의 비밀인 그리스도의 부활에 집중되어 있다. 이 계시의 비밀을 우리에게 알게 하려는 것이 성경의 목적이다. 성경 자체가 이미 비밀을 설명하고 있으니, 직통계시를 받으려고 하지 말자. 성경을 읽으면 진리의 비밀을 알게 된다.

총신대학원 설교학 교수를 역임한 내수동교회의 원로목사이신 박희천 목사는 "읽고 읽고 또 읽으십시오. 성령님께서 알려주실 때까지 그렇게 읽으십시오"라고 말했다. 박 목사는 신학교에서 설교학을 가르칠 때 학생들에게 "한국 교회 설교의 제일 큰 문제가 뭔고 하니, 설교하는 분들이 설교를 잘 할 수 있는 비결이 어디에 있는지를 바로 알지 못한다는 점이다. 비결은 성경 본문을 누가 많이 봤는가에 달려 있다. 여기에서 판가름이 난다. 한국 교회가 이 사실을 잘 모르고 있다는 데 더 큰 문제가 있다"라고 강조하셨다 한다.

목회자가 설교를 잘하는 비결은 성경 본문에 집중하는 것이다. 나는 매일 10시간씩 성경을 읽을 때 일 년 52주 설교제목을 정해놓고 설교했었다. 주일 설교 본문은 창세기, 제목은 창조의 목적이었고, 그 다음 주 설교 본문은 출애굽기, 제목은 구원의 목적이었다. 이렇게 66주 동안 성경 66권을 설교한 적도 있다.

그때 내가 했던 설교 준비는 창세기부터 요한계시록까지 마르고 닳도록 읽는 것이었다. 일주일 내내 성경 본문을 읽고 설교를 한 적도 있다. 이런 방법이 쉽지 않지만, 제주도에서 목회하는 한 후배 목사는 지금도 이 방법으로 설교를 해내가고 있다. 참으로 사랑스럽고 자랑스러운 일이다.

하나님은 바울에게 구약성경의 내용을 계시를 통해 깨닫게 하셨다. 바울이 계시적 구약의 비밀을 깨닫고 기록한 것이 신약의 바울서신이다. 결국 구약의 비밀문서를 해독한 것이 신약이다. 신약성경은 분량으로 볼 때 사복음서가 절반가량을 차지한다. 그것의 핵심을 가장 잘 풀어낸 책이 로마서이다. 그 외의 책들도 다양한 형태로 복음을 설명한다.

하나님, 그분을 드러내는 책

성경의 중요한 초점은 하늘의 정보이다. 하늘의 정보를 하나님이 성경을 통해 드러내겠다고 하신다. 그러므로 우리는 성경을 통해 하나님을 알아야 한다.

성경은 어떻게 하나님을 계시하는가? 예수 그리스도를 통해서이다. 예수께서는 "나를 본 자는 하나님 아버지를 본 것이다"라고 말씀하셨다(요 14:9 참조). 그리스도를 알면 하나님을 알 수 있고, 그분의 나라도 알 수 있다.

그분의 나라, 그리스도의 나라는 희락과 평강과 화평으로 움직인다. 예수님은 이 땅을 사는 우리로 천국을 경험케 하시고자 이미 우리 안에 와 계신다. 그분은 천국을 경험하고, 천국의 삶을 살기 원하는 우리에게 주어진 하늘의 비밀이다.

나는 바울이 쓴 로마서를 다양한 방법으로 약 3,500번 정도 읽었다. 그러면서 '성경은 이런 것을 말하는구나, 하나님이 그렇게 하셨구나' 등을 알게 되었다. 하나님은 여전히 성경을 통해, 로마서를 통해 당신이 누구신지를 알리고 계신다. 구약의 역사도 그랬다. 그런데 성경이 하나님을 계시함에도 사람의 힘으로는 아무리 노력해도 그분이 누구이신지 잘 모른다는 점이 놀랍다.

하나님께서는 아브라함에게 주신 약속을 지키기 위해 애굽에서 종살이 하는 이스라엘 백성을 구원하셨다. 광야에 도착한 백성은 애굽에서 자신들을 구원해 내신 하나님을 금송아지로 생각했다. 하나님께서 자신을 계시하셨지만 그들이 생각하는 하나님은 전혀 다르게 나타났다.

학문적으로는 정통신학을 가지고 있어도 하나님의 말씀대로 살지 않으면서 종교적인 생활만 추구하는 성도들이 있다. 이는 하나님께서 자연계시와 특별계시를 통해서까지 자신을 드러내심에도 그분을 정확하게 인식하지 못하기 때문이다. 복음에 대한 이해가 빗나가면 하나님이 어떤 분이신지 분별하기가 어렵다.

성경에는 일반적인 지식이 있고 본질적인 지식이 있다. 일반적인 지식이 성경의 연대, 지명, 인명과 같은 것이라면 본질적인 지식은 하나님의 속성, 성품, 능력과 같은 것이다. 궁극적으로 성경은 하나님 자신을 계시하고 있다.

본질적인 성경의 내용에 대해서는 취약하지만 구약의 흐름과 성경의 역사를 알고 있는 것으로 꽤 실력이 있다고 생각하는 사람도 있다. 물론 성경 지식을 가지고 있는 것도 상당히 중요하다. 그러나 본질적인 지식을 알게 되면 성경의 지식이 조금 부족해도 크게 문제가 되지 않는다.

실제로 중요한 부분을 확인하면 성경공부가 즐겁고 복된 일이 된다. 하나님이 어떤 분인지 알아 가는 성경읽기는 너무나 재미있고 복된 일이다. 어마어마한 하나님에 대해 알아갈수록 그분이 나를 사랑하고 계시다는 것을 더욱 느낄 수 있기 때문이다.

나는 성경을 통해서 '하나님이 부모님처럼 우리를 사랑하셨구나'라는 것을 느낄 수 있었다. 아이였을 때는 이해하지 못했다. 자식은 부모의 사랑을 잘 몰라도 부모는 자식을 사랑한다. 그러다 자식이 자라 부모가 되고 나면 자신의 부모를 이해하게 된다.

처음에는 구약의 이야기를 잘 이해하지 못했다가도 성경의 본질을 알게 되면 성경 전체가 담고 있는 의도도 함께 알게 된다. 그때부터 성경읽기가 재미있고, 즐겁고, 행복한 일이 될 수 있다.

성경 전체를 한눈에 보여주는 책

성경 한 권에는 명확한 초점이 있다. 그것이 정확하게 보이려면 한 권 전체를 통째로 반복해서 읽어야 한다. 그럴 때 말씀이 생명으로 내 생각을 뚫고 들어와 주인으로 좌정한다.

로마서의 장점은 성경 전체의 초점을 한눈에 보여준다는 것이다. 성경은 대부분이 양괄식 형태를 선호한다. 앞부분에 결론이 나오고, 그 뒤에 결론으로 마무리를 짓는다. 로마서 역시 1장에서 복음의 핵심을 순종으로 설명하고, 16장에서도 믿음으로 순종을 강조한다 (1:5, 16:26). 그리고 본론에서 그 결론적인 초점을 전개시킨다.

특히 1장 1-4절은 하나님의 복음을 설명한다. 하나님의 복음은 하늘의 정보이다. 하나님의 복음은 하나님을 의미한다. 성경은 그분 자체가 구원이요 믿음이라고 설명하고 있다. 성경이 설명하는 핵심을 놓치면 안 된다. 구약에서는 하나님을 눈으로 볼 수 없어서 선지자를 통해 말로 선포하고 글로 계시하셨다. 선지자를 통해 선포되고 계시된 내용은 하나님의 아들이 하늘과 땅의 경계를 뚫고 육신의 몸을 입고 이 땅에 오신다는 것이다.

> 이 복음은 하나님이 선지자들을 통해 그의 아들에 관하여 성경에 미리 약속하신 것이라 롬 1:2

하나님의 복음이신 예수 그리스도는 구약에 이미 계시되었다. 그분은 인성과 신성을 가지신 분으로, 하나님이 사람으로 오셨다. 사람의 눈으로 볼 수 없는 하나님이 볼 수 있는 사람으로 나타나시는 기상천외한 일이 발생한 것이다.

창조주가 피조물이 사는 천하고 낮은 곳에 오신 이유가 무엇인가? 사람들의 잘못된 생각을 바로잡아주시기 위함이다. 금송아지가 아니라 자신이 진짜 하나님이라는 것을 그리스도를 통해 보여주시고, 그분을 믿어 하나님께 순종하게 하려는 것이다. 이것이 복음이다.

이 복음은 단순하게 우리를 천국으로 이끄시는 구원만을 의미하지 않는다. 만약 죽어서 천국에 가고 이 땅에서는 구원의 삶을 살지 않아도 된다면, 그저 아무렇게나 살다가 천국만 가면 된다. 아니면 예수님을 믿어 구원받는 날 즉시 휴거해 천국으로 가면 된다. 그러나 복음은 이 땅에서 구원의 삶을 살게 한다.

이때 우리에게 필요한 것은 지식이나 물질, 명예, 권력, 실력 등이 아니라 순종하는 믿음이다. 구원받은 자들을 계속 이 땅에서 살게 하시는 것은 하나님의 동역자로 사용하시기 위함이다. 나를 통해 하나님의 살아 계심을 알게 하시겠다는 의지이다.

하나님은 일반계시인 천지만물을 통해 자신이 여호와 하나님인 줄 알게 하신다. 또한 특별계시인 성경을 통해 당신을 드러내신다. 거기에 더해서, 놀랍게도 예수님을 구주로 믿는 사람들을 통해서도 하나님 자신을 드러내신다.

어떻게? '순종'을 통해 하나님을 계시하신다. 하나님께서 우리로 예수 믿게 하시는 것은 부자가 되거나 질병의 고침을 위해서가 아니다. 그 모든 일의 목적은 하나님의 영광에 있다. 부자가 되거나, 질병이 낫는 경우는 모두 그분의 영광을 위함이다.

우리를 통해 하나님이 드러나시는 방법은 순종이다. 하나님이 세상을 창조하신 때부터 지금까지 불순종한 피조물은 사람밖에 없다. 예수께서 바람과 바다를 말씀으로 잠잠케 하시자 모두가 이에 순종했다(막 4:39, 41). 피조세계는 창조주에게 순종하는데, 이상하게 사람만 불순종한다.

> 여호와의 말씀이니라 너희가 나를 두려워하지 아니하느냐 내 앞에서 떨지 아니하겠느냐 내가 모래를 두어 바다의 한계를 삼되 그것으로 영원한 한계를 삼고 지나치지 못하게 하였으므로 파도가 거세게 이나 그것을 이기지 못하며 뛰노나 그것을 넘지 못하느니라 그러나 너희 백성은 배반하며 반역하는 마음이 있어서 이미 배반하고 갔으며 렘 5:22,23

물고기는 물속에서 살도록 만드셨다. 물고기가 물 밖으로 나가면 자유한 것이 아니라 죽게 된다. 사람은 하나님의 말씀 안에서 살도록 만드셨다. 그래서 말씀 밖으로 나가면 자유한 것이 아니라 죽음이다.

진정한 자유는 그리스도 안에서 주어진다. 복음은 그분을 믿을 수밖에 없고, 순종할 수밖에 없는 프로그램이다. 그분이 순종의 달인이시기 때문이다. 예수님의 순종으로 구원이 주어진다. 내가 죽고 예수로 사는 구원의 삶도 예수님의 순종을 통해서 일어난다.

로마서 5장은 이 내용을 잘 설명해준다. 예수님의 순종은 구원과 구원의 삶의 주체가 내가 아님을 알려준다. 은혜로 인한 믿음으로 구원이 발생하고, 순종이 나타난다. 은혜로 구원받은 사람이 은혜로 사는 것이 순종이다. 은혜로 살지 않고 내 능력으로 살려고 하면 순종할 수 없다.

즉, 순종은 내가 할 수 있는 것이 아님을 눈치 채야 한다. 예수님이 내 주인이 되실 때에만 가능한 일이다. 순종은 믿음을 통해서만 오고, 믿음은 복음을 통해서만 오며, 복음은 하나님의 아들 그리스도이시다. 구원과 구원의 삶도 믿음이 있어야 가능하다. 임마누엘 되신 그리스도께서 나를 믿게 하심으로 순종이 일어나게 된다.

이는 예수 믿음이 내 믿음이 되고, 예수 순종이 내 순종이 되는 현상이다. 임마누엘 되신 그리스도께서 순종의 주도권을 쥐고 계신다. 그리스도께서 주도권을 가지고 믿음의 삶을 발생시키신다. 예수님을 믿어야 구원이 발생하고, 그분이 내 인생의 주인이신 것을 인정하고 믿을 때 순종이 일어난다.

예수 그리스도를 정확하고 바르게 믿을수록 바른 순종이 나온다. 하나님의 말씀이 믿지 못하면 인생살이를 자신이 책임져야 한다.

복음을 통한 믿음의 진보를 보여라

하나님께서 이삭을 번제로 바치라고 하셨을 때 아브라함이 고민했다면 아마도 삼일이 걸리는 모리아 산까지 더 많은 시간을 소요했을 것이다. 하지만 그는 삼일 만에 그곳에 도착해서 단번에 이삭을 잡으려 했다. 이것은 믿음 외의 어떤 것으로도 설명하기가 어렵다.

어떻게 하나밖에 없는 자식을 자기 손으로 잡을 수 있단 말인가? 아브라함에게 믿음이 있었기에 가능한 일이었다. 그의 믿음은 없는 데서 있게 하시는 하나님께서 죽은 이삭을 다시 살리실 수도 있다는 것이었다(히 11:17,19).

하나님은 어떻게 독생자 예수 그리스도를 십자가에서 죽게 하셨을까? 그 죽음에서 살릴 수 있으셨기 때문이다. 바울은 이 진리를 알고 자신은 날마다 죽는다고 선언했다(고전 15:31). 그리스도 안에서 죽는 자는 그리스도 안에서 다시 살게 된다.

다른 사람의 잘못을 용서하고 비난하지 않는 것은 배짱이 좋거나 인내심이 많아서가 아니라 믿음에서 오는 은혜이다. 믿음이 아니면 용서할 수도, 축복할 수도 없다. 그러므로 하나님의 말씀이 정말 믿어지는 은혜가 필요하다. 하나님께서 은혜로 믿음을 주시면 사자 굴에도 들어가고, 불 속에도 들어가게 된다. 그런데 이렇게 사는 사람이 얼마나 있을까?

구약의 선지자 엘리야는 바알과 아세라 선지자 850명과 대결하여 이길 정도로 믿음이 좋았다. 그래서 세상에서 믿음이 좋은 사람은 자기 혼자인 줄 알았다. 그러나 하나님은 바알에 무릎을 꿇지 않는 사람이 7,000명이나 있다고 말씀하셨다. 이 숫자의 의미는 그런 사람이 아주 많다는 것이다.

히브리서 12장은 믿음의 사람들이 '구름처럼 허다하다'고 증거한다. 지금도 어딘가에서 진짜 예수 잘 믿는 사람들이 산천초목에 묻혀 기도하며 말씀대로 살고 있을 것이다. 엘리야 같은 유명한 자가 아니라, 이름도 빛도 없는 자리에서 말씀에 순종하며 살아가는 자들로 인해 아직 이 나라가 안전하고 소망이 있는 것이다. 세상은 알지 못하지만 하나님은 그런 사람들을 알고 계신다. 그리고 우리도 그런 믿음으로 살기 바라신다.

로마서의 수신자는 로마에 있는 성도들이다(롬 1:7). 일반적으로 복음은 불신자에게 전도해서 예수를 믿게 할 때 선포된다. 그런데 로마서는 예수를 믿고 있는 성도를 대상으로 기록되었다.

그러므로 나는 할 수 있는 대로 로마에 있는 너희에게도 복음 전하기를 원하노라 롬 1:15

예수 믿는 사람에게 복음을 전해 견고한 믿음의 진보를 보이게 하겠다는 것이다(롬 16:26). 세상의 중심 로마에서 당하는 환난을 이기려면 이런 믿음이 있어야 했다. 복음은 우리를 견고하게 만드는 믿음을 일으켜 고난을 당할 때에도 힘 있게 살게 한다. 이 복음은 영세 전부터 감취었다가 나타난 비밀이다.

하나님은 선지자의 글을 통해 이 비밀을 설명하셨지만 사람들은 여전히 잘 알지 못했다. 그 비밀의 결말은 모든 민족이 믿어 순종하게 하려는 것이다. 어떤 순종을 하게 하는 어떤 믿음을 말하는 것일까? 이는 확신 있는 견고한 믿음을 말한다.

로마서 전체 줄거리

로마서는 복음의 이론(1-11장)과 복음의 실천(12-16장)으로 구분된다. 복음의 이론은 구원이고, 복음의 실천은 구원의 삶이다. 결국 구원의 목적은 구원의 삶이 된다. 로마서 1-3장은 복음의 핵심을 풀어놓았다. 즉, 어떤 과정을 통해서 구원이 발생하는지를 설명한다. 그중에서도 죄의 부분을 잘 다루어준다.

로마서 1장에는 하나님을 마음에 두기 싫어하는 이방인의 죄가, 2장에는 하나님의 지식을 머리에 담아둘 뿐 마음에는 담아 두지 않는 유대인의 죄가 나온다. 그러면서 표면적 유대인이 유대인이 아니고, 이면적 유대인이 유대인이라 말한다(롬 2:28,29).

3장은 하나님을 두려워하지 않는 모든 사람의 죄를 말한다. 사사기에 보면 이스라엘 백성들이 여호와의 목전에서 악을 행하는 모습이

나온다. 지금도 사람들은 하나님의 목전에서 악을 행하면서도 하나님을 두려워하지 않는다.

또한 3장 후반부는 죄인된 우리 모두가 하나님을 믿음으로 의롭게 되는 방법을 화목제물 제사법과 믿음의 법으로 설명한다. 4장은 로마서 3장이 제시하는 방법으로 의롭게 된 사례가 나온다. 믿음의 조상 아브라함이 믿음으로 의롭게 되었다. 그리고 다윗이 죄 사함을 받았다.

예수 그리스도를 믿으면 복 받고 잘 사는 것이 아니라 환난이 주어진다. 세상의 환난을 이길 수 있는 방법은 이렇다. 하나님과 화목한 관계를 유지하는 순종으로(5장) 그리스도와 연합한 의의 병기가 되어(6장) 율법으로부터 자유하면(7장) 성령의 능력으로 넉넉히 이기게 된다(8장). 넉넉히 이기는 믿음을 얻은 사람은 열방을 구원하는 사역을 감당한다. 약속의 자녀의 씨(9장)가 그리스도의 복음이 되어(10장) 열방을 구원한다(11장).

즉, 예수 그리스도를 믿으면 세상의 고난을 뚫고 영혼을 구원하는 세상의 선교사가 된다. 그 근본적인 방법은 산 제사와 산 제물이다. 이는 내가 죽고 예수로 사는 것으로, 나를 통해 가족이 구원받고, 교회의 연약한 지체가 살아난다.

12장에 나오는 산 제사는 하나님의 자녀로 살기 위해 죽는 것을 말하며, 13장에서는 성령법으로 살 때 권세를 다루는 요령을 말한다. 우리는 성령법으로 살 때 권세를 보존할 수 있다. 하나님이 세상을 유지하고 관리하시는 방법 중 하나인 권세에 복종해야 한다.

그런데 세상에서 권력자가 권세를 악용하면 하나님의 백성들은 복종하기가 참으로 불편하다. 모든 권세가 하나님께로부터 난다는 말씀은 권력의 절대성이 사람에게 있지 않고 하나님께 있다는 뜻이다. 그러므로 공권력을 가진 자들이 공의를 시행하지 않고 불의를 행한다면 "악에게 지지 말고 선으로 악을 이기라"는 하나님의 말씀에 순종하여 악에 굴복당하지 말아야 한다.

우리는 믿음이 연약한 자를 비판하기 쉽다(14장). 연약한 자에게 가르쳐줄 때도 자칫하면 비판하는 형태가 된다. 판단하는 자는 "너는 왜 그런 짓을 하느냐?"라고 말하지만 축복하는 자는 "너는 하나님의 자녀"라고 말한다. 믿음이 연약한 자의 약점을 담당하는 방법은 축복하는 것이다(15장). 연약한 자를 만나면 용납하고 축복하라. 그러면 하나님이 책임지신다. 믿음이 연약한 자와 핍박하는 자가 축복의 기술을 익히면 세계 선교로 나아가게 된다(16장).

예수로 살면 하나님의 뜻이 이루어진다. 세상적으로 잘하려고 하는 것은 욕심이다. 믿음으로 사는 것이 최고로 잘하는 것이다. 예를 들어 보자. 일반적으로 연약한 자들은 내성적이거나 사교성이 적고 소심하다. 그러나 달리 생각하면 내성적인 사람은 생각을 깊이 한다. 사교성이 적은 자는 정직하고 과장하지 않는다.

소심한 자는 실수가 적고 정확하다. 질투심이 많은 자는 의욕이 넘쳐 좋다. 말이 많은 자는 지루하지 않고, 자신감이 없는 자는 겸손하다. 또한 직선적인 자는 속정이 깊다. 상대의 약점을 장점으로 볼 수 있다면 그는 이미 축복자이다.

이렇게 복음의 능력으로 살 수 있다면 그는 이미 열방을 성령법으로 선교하는 방법을 터득한 것이다. 그러면 어디서 누구를 만나도 선교할 수 있고, 세계 선교의 열매를 맺게 된다(16장). 이런 열매를 거두는 성도는 사단을 발로 밟는다(16:20). 사단은 믿음으로 사는 사람들 발 아래서 깨진다. 임마누엘 되신 예수님을 모신 성도가 믿음으로 살면 사단은 그 발에 밟힌다.

이것을 안식이요 평안이라 하고, 이렇게 사는 민족을(9-11장) '영적 이스라엘 민족'이라 부른다. 예수 믿는 자들이 참 이스라엘이다. 예수 믿어 하나님께 순종하는 생활은 복음으로 창조주께 순종하는 것이다.

〈로마서 마인드맵〉

로마서를 담아낸 적용점은
복음의 핵심을 믿고 창조주에게 순종하는 것이다.

1. 복음의 핵심은 어떤 것인가?

2. 어떻게 사는 것이 복음으로 사는 것인가?

로마서를 담아낸 적용점은
그리스도의 형상을 본받아 그 모습을 나타내는 것이다.

적용

1) 이방인의 죄 (1장)
마음에 하나님을 두기 싫어하는 것 (1:27)

2) 유대인의 죄 (2장)
마음에 할례를 행하지 않는 것 (2:29)

3) 모든 이의 죄 (3장)
하나님을 두려워함이 없는 것 (3:18).

복음설명
(1-3장)

로마서
순종의 복음

1) 믿음의 모델 (4장)
아브라함(생명/개인 구원)

2) 복음의 효력 (5-8장)
복음의 내용,
복음의 법적 현상, 삼위일체 임마누엘의 능력

3) 복음의 확장(9-11장)
세계 선교(사명/열방 구원)

복음효력
(4-11장)

내용 전개

1) 복음실천 (12-15장)
산 제사와 새 계명

2) 복음의 열매(16장)
세계 선교의 확산

복음실천
(12-16장)

로마서, 복음의 목적은

피조물이 그리스도를 믿어 창조주에게 순종하는 것이다.
사랑에 기초한 율법(구약)은 옛 언약이고 옛 계명이다.
율법을 완성한 복음(신약)은 새 언약이고 새 계명이다.
로마서는 복음의 핵심인 그리스도를 설명한다.
복음은 창조주에게 불순종한 것을 정리하고 순종하게 하는 능력이다.
하나님의 은혜는 믿음으로 구원을 얻게 하고 믿음으로 순종하게 한다.

초점

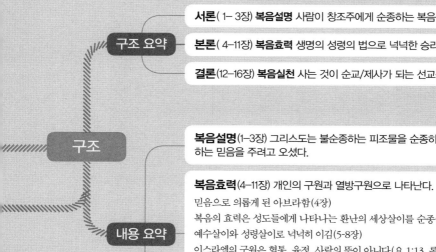

구조 요약

서론(1-3장) **복음설명** 사람이 창조주에게 순종하는 복음생활

본론(4-11장) **복음효력** 생명의 성령의 법으로 넉넉한 승리생활

결론(12-16장) **복음실천** 사는 것이 순교/제사가 되는 선교생활

구조

내용 요약

복음설명(1-3장) 그리스도는 불순종하는 피조물을 순종하게
하는 믿음을 주려고 오셨다.

복음효력(4-11장) 개인의 구원과 열방구원으로 나타난다.
믿음으로 의롭게 된 아브라함(4장)
복음의 효력은 성도들에게 나타나는 환난의 세상살이를 순종살이와
예수살이와 성령살이로 넉넉히 이김(5-8장)
이스라엘의 구원은 혈통, 육정, 사람의 뜻이 아니다(요 1:13, 롬 9:8)
오직 약속의 자녀가 참 이스라엘이다(롬 4:11, 눅 19:9)
약속의 씨를 통해 구원의 복음이 전 세계에 전파된다(9-11장)

복음실천(12-16장) 복음이 있는 성도의 생활은 산 제사와
아가페로 하나님나라를 세우는 열방 구원으로 나타나며,
세계 선교로 확산된다.

주제를 중심으로 살펴본 로마서의 구조

- 복음의 목적(1-3장): 믿어 순종하는 것 - 성경 전체의 결론
- 믿음의 모델(4장): 아브라함(부르심의 소명/개인 구원) - 복음을 믿어 개인 구원
- 복음의 효력(5-8장): 복음의 내용 - 복음이 성도에게 풀어지는 현상
- 복음의 확장(9-11장): 세계 선교(보내심의 사명/열방 구원) - 복음의 효력을 믿어 열방 구원
- 복음의 실천(12-15장): 산 제사와 새 계명 - 열방 구원의 방법
- 복음의 열매(16장): 세계 선교의 확산 - 열방 구원의 결과, 순종의 결과물

질문 형식으로 살펴본 로마서의 구조

서론(1-3장)

Q **서론적 복음의 내용은 무엇인가?**

A 하나님의 복음(1:1), 아들의 복음(1:9), 내 복음(2:16)이 되어야 한다.
그런데 복음을 들으면 힘이 나는 사람이 있고, 오히려 힘이 드는 사람이 있다.

1장 - 이방인의 죄(1:28): 마음에 하나님을 두기 싫어한다.

2장 - 유대인의 죄(2:29): 마음에 할례를 행하기 싫어한다.

　　　유대인들은 하나님을 머리에만 담아둔다.

3장 - 모든 이의 죄(3:11): 마음에 하나님을 깨닫기 싫어한다.

　　　하나님을 두려워하지 않는다(3:12-18).

▶ 해결 방법

할례자(유대인)도 무할례자(이방인)도 믿음으로 의롭게 된다(롬 3:30).

하나님의 의가 믿음에서 믿음으로 살게 한다(롬 1:17).

Q 바울이 로마 교회 성도들에게 복음 전하기를 원하는 이유는 무엇인가?

A 믿음으로 살게 하는 원동력이 복음이고, 복음으로 살게 하는 원동력은 예수이기 때문이다. 사는 것이 그리스도니 죽는 것도 유익하다(빌 1:21).

▶ 복음의 진보(빌 1:12), 믿음의 진보(빌 1:25)

본론(4-11장)

Q 복음이 믿음으로 나타나는 효력은 무엇인가?

A 복음의 효력은 개인 구원(4-8장)과 열방 구원(9-11장)으로 나타난다. 믿음으로 의롭게 된 아브라함(창 15:6, 롬 4:3)과 다윗(시 32:1, 롬 4:6)

- 믿음으로 얻은 구원은 하나님의 은혜로 얻은 선물(엡 2:8,9)

    = 그리스도(영생의 복)

- 은혜로 얻은 선물(그리스도)

    = 믿음으로 의롭다 하심을 얻은 자(롬 5:1)의 상태

복음의 효력은 성도에게 나타나는 환난의 세상살이를, 순종살이(5장), 예수살이(6장)로 살아냄으로 의의 병기가 되고, 인생살이(7장)는 성령살이(8장)로 넉넉히 이긴다.

5장 – 하나님과 화평 : 순종의 왕 노릇

6장 – 예수님과 연합 : 의의 병기로 새 생명

7장 – 율법에서의 자유 : 새로운 삶의 방식으로 새 사람이 됨(6절, old self, myself/ new self, 예수self)

8장 – 성령님의 인도 : 사랑으로 새 계명이 흐르는 삶(37절, 넉넉히 이김 overcome)

열방구원(9-11장) : 약속의 씨를 통해 구원의 복음이 열방에 전파된다.

• 이스라엘의 구원은 혈통, 육정, 사람의 뜻이 아니다(요 1:13, 롬 9:8).

• 오직 약속의 자녀가 참 이스라엘이다(롬 4:11, 눅 19:9).

• 복음 : 씨(9:7, 29) → 그리스도를 믿음(10:4-17) → 세계 선교(11:26-29)

9장 – 과거 선택 : 참 이스라엘이 되는 것(9:6), 육적 이스라엘이 영적 이스라엘로 전환

10장 – 현재 불순종 : 참 이스라엘은 믿음으로 되는 것(10:9,10), 하나님의 열심 vs 하나님께 열심(3절)

11장 – 미래 구원 : 세계 선교로 육적 이스라엘의 구원을 촉진시킨다(11:26).

결론(12-16장)

Q 예수 믿어 하나님께 순종하는 성도의 생활은 무엇인가?

A 산 제사, 산 제물, 나죽예사의 결론은 세계 선교이다.

- 세상이 복음을 만나 믿음으로 구원받는 내용(1-11장): 믿음으로 구원(엡 2:8,9)

- 복음이 세상을 만나 순종으로 구원하는 내용(12-16장): 믿음으로 순종(롬 1:5)

12장 – 산 제사: 저주축복, 핍박인내, 비방친절

13장 – 새 계명: 권세복음, 대권예수, 새 계명의 왕 노릇

14장 – 믿음이 연약한 자를 받음: 살려주는 영으로 하나님의 나라를 건설한다.

15장 – 연약한 자의 약점을 담당: 실수와 허물을 용납하고 세계 선교를 감당한다.

16장 – 세계 선교 확산: 믿어 순종한 결과물

02

로마서 1000독 사례

레제나하우스 세미나에 참여하는 사람들에게 로마서 1000독에 대한 도전을 주고, 완독한 이들에게는 수료증을 발급한다. 2015년 6월에 1호를 시작으로 2016년 12월까지 25호가 발급되었다. 그중에서 몇 명이 로마서 1000독을 마치고 후기를 보내주었다. 여기에는 로마서 1000독을 하게 된 계기와 과정, 결과로 얻어진 열매 등이 담겨 있다.

통독을 통해 얻은 자유와 평안

말통 세미나 참석을 시작으로 예통 세미나까지 참여하며, 어쩌다 자격도 없이 스태프로 레제나하우스 사역에 동참하게 되었다. 그러면서 가랑비에 옷 젖듯이 가까이에서 많은 배움의 기회를 주신 조상연 목사님의 삶의 모습과 통독에 대한 가르침이 나를 '로마서 1000독'으로 나아가게 하는 동력이 되었다.

'가랑비에 옷 젖듯이'라고 표현한 것은 로마서 1000독이 처음부터 마음에 와 닿은 것은 아니었기 때문이다. 1,000이라는 숫자가 주는 부담을 떨칠 수 없었던 나의 선입견이 컸다. 맡겨진 직임에 따르는 통독 사역 스태프로서의 책임과 부담이 작용했지만, 그럼에도 1000독은 자신이 없었고, 그것이 과연 어떤 의미가 있는지에 대한 확신도 없었다. 그래서 일 년이 넘도록 도전을 주저하고 있었다.

1000독에 도전하며 집중하여 말씀을 읽게 된 계기는 목사님의 《도전! 성경 1000독》을 읽고 감동을 받은 직후였다. 이 책을 통해서 단숨에 반복해서 통으로 말씀을 읽는 일의 유익과 말씀을 읽는 것은 말씀을 먹는 것과 같아서 몸으로 살아내는 에너지를 충전하는 효력을 발생시키는 일임을 더욱 확신할 수 있었다.

그리고 이제는 말씀의 기준을 가지고 갈등만 하는 존재가 아니라, 말씀이 그냥 살아지는 말씀의 원주민이 되고픈 갈망의 온도가 가열점에 다다른 것 같은 느낌이 들었다. 또한 1000독에 도전하지는 못했지만 틈이 나는 대로 읽고 있던 로마서 말씀이 나를 자꾸 끌어당기고 있음을 느끼고 있었다.

그래서 도전을 하게 되었고, 세미나 캠퍼스 방학 중에 공동체 스태프들, 온라인 통독방의 많은 사람들과 함께 로마서 통독을 진행했다. 시작이 어려웠지 일단 도전을 한 후에는 어려움이 없었다. 그저 마음은 원이로되 육신이 약하여 한 자리에서 5독 이상을 못하는 어려움이 있었다. 그러나 생각해보니 모든 것이 은혜로 '읽어지는' 은혜가 있었다.

올해 초부터 남편이 기적적으로 새 직장을 얻게 되어 재정적으로도 회생의 소망이 생겼는데, 같은 수도권이지만 집과 거리가 멀어서 주말부부가 되는 바람에 성경을 읽을 수 있는 환경을 허락해주신 것이 가장 신기했다. 아직 안타깝게도 눈에 띄는 개인적인 변화는 없지만 표현할 길 없는 은혜가 나를 지지해주고 있음을 분명히 느끼고 있다.

나는 부실공사로 무너진 성수대교가 보이는 곳에서 예수 없는 청년시절을 보냈다. 그러다 허황되고 교만한 육신을 무너뜨리시는 고난의 시간을 통과하면서 가끔 무너진 그 다리가 나 같다는 생각을 하곤 했다. 이후 내 영혼육의 기초, 그 근본이 하나님이심을 알고 믿게 되면서 "할렐루야"를 외쳤지만, 재건축이 잘 되고 있는지, 그리고 어떤 모습으로 거듭나고 있는지 불확실해서 갈등이 있었다. 그런데 이제는 나를 지지해주는 그 든든함과 견고함이 내게 들려주는 음성이 있다.

'딸아, 네 안에 착한 일을 시작하신 이가 그리스도 예수의 날까지 이루실 것이다. 네 안에서 행하시는 이는 하나님이시니 자기의 기쁘신 뜻을 위하여 네게 소원을 두고 행하게 하신단다.'

빌립보서의 이 말씀들이 이토록 선명하게 믿어지는 은혜가 로마서 1000독을 마치고 새롭게 도전하고 있는 바울서신 1000독을 통해 공급됨을 느낀다. 더 이상 내가 가는 길이, 내가 사는 방법이 불안하거나 갈등이 되지 않는 것을 느낀다. 이 자유와 평강은 오직 진리 되신 예수로부터 말씀읽기를 통해 주어진 견고한 반석임을 믿는다.

— 주혜선, 레제나하우스 간사

나는 2013년 하반기 교통사고 후 치료 과정에서 영적인 고갈을 느꼈다. 회복을 위해 성경을 읽어야겠다는 마음에 2014년 예통 2기와 말통 6기 조장을 마치고, 손자들(차세대)을 위한 말통 강사 비전을 갖게 되었다. 8기 조장 기도 예비모임에서 레제나하우스의 비전을 공유하기 위해 성경 핵심을 관통하는 책인 로마서 1000독에 도전했다.

조 목사님의 예화 중에서 왕 대나무(퀀텀 리프, Quantum Leap) 이야기가 무지한 내게 희망을 주었다. 퀀텀 리프는 대나무가 새순을 틔워내기까지 기다리는 시간 이후부터 엄청난 속도로 성장하는 특성을 지칭한다. 씨를 뿌리고 나서 약 4년의 시간이 흐르기까지 약간의 죽순 모습만 드러내다가, 그 후부터는 하루에 1미터씩 폭발적으로 성장해 수십 미터까지 자란다는 것이다.

그 비결은 4년이란 시간 동안 땅 속 수백 미터에 달해 깊고 단단한 뿌리를 다지며 마음껏 줄기를 뻗어낼 준비를 한 데 있다. 무지한 내게 1000독 읽기는 퀀텀 리프와 같이 소위 내공을 다지는, 또는 키우는 과정으로 여겨졌다.

조장 6명이 선의의 경쟁을 벌이며 읽기 시작했는데, 속청독 2배속으로 도전을 시작했고, 하루 5독을 했다. 팀장이 50독 선착순으로 이모티콘 선물로 독려하며 출발했다. 읽는 과정 중 한 달에 로마서를 매일 10독 정도 할 수 있는 은혜를 주셨다. 1000독 과정 중 아내의 건강 회복을 위해 캐나다에 약 5주간 여행을 다녀왔는데, 여행 중 캠핑을 하고 교제하는 중에도 멈추지 않았다.

이런 상황에서 꾸준히 읽는다는 것이 어려웠지만 주위의 배려와 내 결단으로 읽을 수 있었다. 당시 기도 제목은 아내의 건강 회복과 이사를 위한 대출이 잘 해결되는 것이었다. 대출 신청을 해놓고 외국에 있는 상황이었으나 1000독 목표를 달성한 날에 대출이 잘 이루어져 이사에 무리가 없도록 응답되었다. 아내의 건강도 놀라울 정도로 빨리 회복되어 약을 끊고 지낼 수 있었다.

히브리서 기자는 민수기 12지파 리더들을 "곧 순종하지 아니하던 자들"(히 3:18)이라고 했다. 그들은 족장의 위치에 있었고, 체험이 많았다. 유월절을 겪었고, 홍해를 건넜으며, 광야에서 물과 만나와 메추라기를 먹은 체험을 가지고 있었다. 그럼에도 눈에 보이는 상황에 믿음 없이 무너지는 모습을 보였다. 나보다 훨씬 체험이 많은 사람들이 눈앞의 상황을 보고 말씀과 체험을 잊고 불순종하는 모습에 나도 그럴 가능성이 높다는 것을 깨닫게 되었다.

로마서 1장과 16장에 "믿어 순종하게" 하려 한다는 말씀이 있다. 순종하는 믿음은 그리스도의 말씀을 들을 때 생겨난다(롬 10:17). 즉 믿음을 플러그인 하기 위한 방법으로 성경 계속 읽기가 중요하다는 것을 알게 되었다.

나는 하루 평균 7독 정도로 2015년 6월 29일, 1000독 목표를 달성했다. 자신감이 주어졌고, 성경적 분별력이 조금 추가되었다. 나는 아직도 영적 싸움을 해가며 매일 일정한 분량을 읽고 있다. 2015년 하반기에는 옛 순원들과 성경통독에 대해 나눈 후 9명이 SNS를 통해 말통, 예통으로 성경을 읽었다. 이후로 예통을 온라인으로 같이 하며 로마서를 읽고 있다. 2016년 전반기에는 약 75명이 말통, 예통을 읽었는데, 그중에는 15명의 장로님들이 있었다. 이제는 약 100명이 90일 예통 성경을 읽고 있다.

특별한 것은 한 형제가 의료진으로부터 다발성 암으로 6개월 시한부를 선고 받고 내게 연락을 해왔다. 기도 제목을 나누고 함께 기도하며 성경 읽을 것을 권해서 큐티를 시작하며 90일 동안 2독을 했다.

도중에 《도전! 성경 1000독》이 출간되어 그에게 소개를 했고, 로마서를 하루 3독 하면 일 년에 1000독을 할 수 있다고 제안하여 5월 22일부터 시작해서 9월 19일까지 262독을 했다.

생명의 주관자이신 하나님을 올바르게 알고, 구약과 신약과 같은 좋은 약으로 투병할 수 있도록 인도하는 것이 내가 할 수 있는 최선의 방법이었다. 나는 지금도 매일 로마서와 예통을 읽고 기도하고 있다.

온누리교회 장로아카데미 하반기 수련회에서는 존경하는 장로님들 앞에서 성경읽기 간증을 하면서 성경을 왜 읽어야 했으며, 어떻게 읽었는지 나누고 현재 '나죽예사'로 매일 공사중인 것도 말했다.

주일 설교 말씀 한 번만 들었던 내가 일부 목회자와 성도들에게 성경을 연대기와 구원 역사로 평형을 이루며 매일 읽을 것을 권하여 같이 읽고 있는 것이 정말 큰 변화다.

로마서를 통해서, 성경은 예수님 이야기지만 그 성경은 하나님이 나를 위해 쓰신 책인 것을 깨달았다. 조 목사님은 "성경을 많이 아는 건 지식의 교만을 위함이 아니라 말씀이 통치하는 생활을 위한 것"이라고 하셨다. 나도 "말씀이 내 안으로 막 밀려들어와 내 생각을 하나님의 말씀의 생각으로 덮어 씌운다"라고 고백할 수 있기 원하며, 가족들과 성도들에게 매일 성경 읽는 아버지, 할아버지, 장로로 기억되고 싶다. 그리고 무엇보다 나죽예사 천국용사로 살기를 원한다.

— 전구영, 온누리교회 장로

성경읽기와 마음 치유

교회와 가정의 일, 생업으로 힘들어 좌절에 빠져 있을 무렵이었다. 조상연 목사님이 교회에 방문하여 세미나를 하셨다. 나는 무조건 성경을 읽는 방법에 대해 반신반의했지만, 성경 일독을 목표로 하는 4일 동안의 여정 끝에 드디어 일독을 할 수 있었다.

그 후로 예통 과정을 온라인 성경읽기로 90일만에 마치고, 말통 세미나에 등록하여 세미나 교재인 《마스터 말씀통독》을 읽었다. 그 책 뒤에는 레제나하우스의 비전이 있었는데, 레제나의 일원이 되려면 로마서 1000독을 시작해야 한다는 내용을 보고 시작하게 되었다. 과연 로마서 1000독을 하면 내게도 성경을 꿰뚫는 눈이 생길지를 기대하면서. 로마서 일독하기도 힘든 상황 속에서 '가능할지는 모르겠지만 일단 해보자'는 욕심뿐이었다. 처음에는 무작정 눈으로 읽는 방법을 택했다. 그래도 책을 읽던 습관이 있어서 빠르게는 읽을 수 있었다.

그런데 50독쯤 읽었을까? 더 빠르게 읽는 방법을 찾으면서 2배속을 들으며 읽었는데 2배속이나 그냥 읽는 것이나 별반 다르게 느껴지지 않았다. 그래서 3배속, 4배속 읽기에 도전하여 번갈아 들으며 400독 정도까지 했다. 하지만 '남는 게 하나도 없고, 하나님이 주시는 마음도 없고, 이게 뭐지?' 하며 무작정 읽기만 하는 것에 회의가 들자 중단하게 되었다.

그러던 중에 예통 세미나에 참여하여 조상연 목사님의 강의 중 '내가 이 해하려고 하면 안 되고 하나님이 이해시켜주시길 기다리라'는 말씀을 듣게 되었다. 그래서 다시 로마서를 읽기 시작했다. 405독쯤 하던 중 3배속, 4배속을 들으면 잘 안 들려서 그냥 눈으로만 읽기 시작했다.

그런데 6장쯤 읽는데 갑자기 '순종'이라는 글자가 성경책에서 불뚝 솟아오르는 듯한 느낌이 들었다. 깜짝 놀라서 다시 6장을 읽어보니 여전히 그 글자가 튀어 올라왔다. 그 순간 엎드려 기도했다.

'말씀에 순종하겠다고 하고서는 내 생각을 드러내며 중단했던 점을 회개합니다.'

기쁨의 눈물과 회개의 눈물이 뒤섞이면서 순종이 복임을 깨닫게 하셨다. 이후 하루에 로마서 10독에서 30독까지 하게 되었고, 무엇보다 우선순위로 성경을 읽었다. 성경 읽는 자체가 너무 행복했다.

삶의 모든 우선순위가 말씀 읽는 것이 되었고, 가족 모두가 말씀 읽는 분위기로 바뀌었으며, 무엇보다도 내 자신이 변화되었다. 어렸을 때부터 친정아버지와 관계가 좋지 않았고, 불쑥 일어나는 화를 감당못해 주위 사람들을 힘들게 하기도 했다. 그런데 어느 날부턴가 그런 것이 없어졌다. 하나님 말씀의 능력이 내 강퍅한 마음을 만져주시고, 부드럽게 하셨음을 고백한다.

— 김은숙, 00교회 권사

새로운 인생개혁을 향해

피 흘림으로 주어진 것을 땀 흘려 지키자

2016년 9월에 개봉한 〈밀정〉이란 영화가 있다. 밀정(密偵)은 '스파이', '첩자'라는 뜻으로, 이 영화는 1919년 11월에 설립된 의열단(義烈團)의 독립운동을 소재로 하고 있다. 이 영화에서 의열단 단장이 한 말이 있다.

"우리는 실패해도 앞으로 나아가야 합니다. 그 실패가 쌓이고 쌓여도 그 실패를 딛고 더 높은 곳을 향해 나아가야 합니다."

1920년대 암울했던 일제강점기에 독립을 위해서 이름도 없이 자신을 희생하며 더 높은 곳을 향해 나아갔던 수많은 독립운동가들의 흘린 피가 오늘날 자유 대한민국을 존재하게 했다. 나는 이 영화를 보면서 그들의 뜨거운 애국심과 조국의 독립을 열망하는 의지를 다시

금 느낄 수 있었다.

지금은 현실적으로 교육, 취업, 결혼 등이 쉽지 않은 시대이다. 그럼에도 북한처럼 종교적인 억압이 있거나 일제강점기처럼 민족적 억압 속에 살고 있지 않다는 건 크게 감사할 일이다. 누군가의 피 흘림이 있었기에 우리는 자유를 누리고 있다.

우리는 현실적으로 성경읽기가 쉽지 않은 삶을 살고 있다. 직장과 가정, 교회에서 바빠 매주 주어지는 성경공부와 매일 큐티도 해내기가 쉽지 않다. 그럼에도 자국어(한글)로 된 성경을 읽을 수 있다는 건 큰 은혜다.

중세는 성경을 못 읽게 하는 시대였다. 당시 종교개혁자들이 이룬 가장 빛나는 개혁은 성경을 자국어로 번역한 것이다. 종교개혁자 루터는 자국민을 위해 성경을 독일어로 번역했다. 수많은 종교개혁자들이 신앙의 자유를 위해 싸우다가 피를 흘렸고, 그로 인해 지금 우리는 성경을 자유롭게 읽을 수 있게 되었다.

피 흘리며 나라의 독립을 위해 싸웠던 이들을 통해 우리나라가 자유를 얻었듯, 종교개혁자들의 피로 신앙의 자유를 얻고 성경읽기의 자유도 얻게 된 것이다. 피 흘려 지킨 신앙의 자유, 성경읽기의 자유를 누리며, 다시 그것을 빼앗기지 않기 위해서라도 땀 흘려 성경을 읽어야 하지 않겠는가! 피 흘려 얻은 신앙의 자유를 땀 흘려 지키는 것은 상대적으로 그리 어려운 일이 아닐 것이다.

500년 전의 종교개혁은 신앙의 독립운동이었다. 이제 우리가 일으킬 새로운 종교개혁은 새로운 신앙의 독립운동이며, 새로운 인생개혁이다. 500년 전의 종교개혁이 신앙의 자유를 억압하는 외부 세력에 대한 개혁이라면, 새로운 종교개혁은 신앙의 자유를 누리지 못하게 하는 내부 세력에 대한 인생개혁이다. 새로운 인생개혁은 나는 죽고 예수로 사는 것이다.

영화 〈밀정〉의 포스터에는 "적은 늘 우리 안에 있었다"라는 글귀가 있다. 그렇다. 새로운 인생개혁은 내 안에 있는 '옛 사람의 밀정'을 제거하는 것이다. 인생살이가 예수살이 되는 인생개혁은 저절로 되는 것이 아니다. 피를 흘려야 했던 과거 신앙의 독립운동처럼 말씀이 양날의 검이 되어 부패한 내 마음을 찌르고, 내 생각을 도려내고, 내 뜻을 잘라내게 해야 한다.

살아 있는 하나님의 말씀이 내 안에서 생동감 있게 운동하게 해야 한다. 그러면 우리가 하나님의 마음과 하나님의 생각과 그분의 뜻을

품게 될 것이다(히 4:12, 사 55:8,9, 빌 2:5,13)

말통, 소통, 형통

사람들은 특별새벽기도회를 두 글자로 줄여 '특새'라고 한다. 말씀 통독을 두 글자로 줄이면 '말통'이 된다. '말통'은 말씀과 통하는 소통, 또는 말씀을 담는 통을 의미하기도 한다.

똑같은 통이라도 김치를 담으면 김치통이 되고, 술을 담으면 술통이 되며, 밥을 담으면 밥통이 된다. 예전에는 어른들이 위장을 밥통이라고 불렀다. 이처럼 사람도 술을 먹으면 술통, 담배를 피우면 연통이 된다. 그러나 사람이 말씀을 읽고 마음에 담으면 말씀의 통을 가득 채우는 말통이 된다.

예수님은 "사람이 떡으로만 살 것이 아니요 하나님의 입으로부터 나오는 모든 말씀으로 살 것이라"(마 4:4)라고 말씀하셨다. 말통을 하면 하나님과 소통이 되고, 소통이 되면 형통이 온다. '소통'의 사전적 의미는 '생각하는 바가 서로 통한다'라는 것이다. 또한 '자기의 뜻을 상대방의 마음에 사무치게 하는 것'을 말하기도 한다.

그러므로 생각하는 바가 서로 다르거나 상대의 마음을 사무치게 하지 못하면, 불통이 된다. 아무리 오래 산 부부라도 생각이 다르면 소통이 안 되고, 부모와 자식 간이라도 생각이 다르면 불통하게 된다. 이처럼 하나님과 나의 생각이 다르면 소통이 안 될 것이다.

성경은 하나님의 생각과 사람의 생각이 전혀 다르다고 말한다.

이는 내 생각이 너희의 생각과 다르며 내 길은 너희의 길과 다름이니라 여호와의 말씀이니라 이는 하늘이 땅보다 높음같이 내 길은 너희의 길보다 높으며 내 생각은 너희의 생각보다 높음이니라 사 55:8,9

그렇다면 하나님과 소통은 불가능한가? 그렇지 않다. 성경이 말하는 소통은 하나님께서 언약의 말씀으로 사람의 마음을 사무치게 하고, 사람은 그 언약의 말씀에 순종해 하나님의 마음을 사무치게 하는 것이다. 이렇게 하나님과 소통하게 하는 통로가 성경이다.

성경을 통해 하나님과 소통하면 형통이 온다. 성경이 말하는 형통은 '고통이 없다'는 뜻이 아니라 '세상의 환난을 말씀으로 뚫어낸다'는 뜻이다.

창세기 39장에는 요셉이 종으로 팔려온 사건과 누명을 쓰고 옥살이 하는 장면이 나온다. 그런데 너무 놀라운 것은 그 상황마다, '하나님이 함께하시므로 요셉이 범사에 형통했다'고 말한다. 하나님이 그를 말씀으로 단련시키셨기 때문이다.

그가 한 사람을 앞서 보내셨음이여 요셉이 종으로 팔렸도다 그의 발은 차꼬를 차고 그의 몸은 쇠사슬에 매였으니 곧 여호와의 말씀이 응할 때까지라 그의 말씀이 그를 단련하였도다 시 105:17-19

새로운 인생개혁은 예수 그리스도를 구주로 믿어 하나님의 자녀가 될 때 비로소 시작된다. 그리고 나는 죽고 예수로 살 때 완성된다. 말씀을 통한 소통으로 형통한 순종의 삶이다. 결국 개혁의 핵심은 자기를 포기하고 예수님을 내 주인으로 인정하는 것이다.

예수로 폼 잡자

예전에 〈대왕세종〉이라는 드라마가 TV에 방영된 적이 있었다. 세종대왕은 비밀리에 문자창제에 집중하고 있었다. 그런데 외세의 압력으로 인해 문자 창제를 계속하려면 장영실을 포기해야 하고, 살리려면 문자창제를 포기해야 하는 상황에 처하게 되었다.

둘 중 하나를 선택해야 할 상황에서 세자는 세종대왕을 향해 30년 지기인 장영실을 포기한다면 사람도 아니라고 말했다. 그러자 세종대왕은 "세자의 말이 맞다"면서, 자기는 지금부터 사람이기를 포기하고 문자창제를 선택하겠다고 선언한다.

우리는 무엇을 포기하고 무엇을 선택해야 하는가? 예수를 믿고 예수로 사는 것은 내 옛 사람을 포기하고 하나님의 자녀로 살 것을 선택할 때 가능하다. 이렇게 개혁되어지는 내 모습은 어떻게 나타나는가? 고난을 맞서서, 유혹을 피해, 사람을 품음으로 이기는 모습이어야 한다. 새로운 인생개혁은 말씀과 지속적으로 소통할 때 일어난다.

예수로 개혁되어지는 새로운 인생개혁자들이여! 사람 폼 버리고 예수로 폼 잡자!

Loving People Blessing Nations!

레제나하우스

레제나하우스 소개

- 레제나는 레위인, 제사장, 나실인의 앞 자를 딴 것으로 구별된 성도의 호칭이다.
- 레제나는 세상의 선교사로 사람을 사랑하고 세상을 축복하는 거룩한 사명이다.
- 레제나하우스는 성경 1000독으로 새로운 종교개혁에 헌신하는 세계 선교의 현장이다.

레제나하우스 비전

- 같은 말로 하나님의 말씀을 세워 그리스도의 생명과 본질을 드러내는
  구속사를 전개한다.
- 같은 마음으로 순종의 마음을 품어 내가 죽고 예수로 사는 새로운
  종교개혁을 일으킨다.
- 같은 뜻으로 하나님의 뜻을 이루기 위해 온 세상이 성경읽는
  가정과 교회와 나라가 되도록 세계 선교에 헌신한다.

레제나하우스 사역

레제나하우스 사역은 세미나(말통세미나, 예통·세미나, 성경통독 운영세미나, 성경통독
강사 세미나, 말통원리 세미나), 심화 연구과정, One-Day 성경통독, 선교사의 날,
선교단체 협력, 아웃리치, 온라인 캠퍼스, 레제나 리트릿 등이 있다.

레제나하우스 통독

1. 역사적 구조의 성경읽기로 성경 역사의 골조를 세운다.
   - 역사적 구조(구약 11권과 신약 3권)의 책을 선별해 읽는다.
2. 문학적 구조의 성경읽기로 구원 역사의 골조를 세운다.
   - 창세기부터 요한계시록까지 정독과 속독으로 읽는다.
3. 성경의 핵심을 관통하는 책을 우선적으로 1000독 한다.
   - 로마서를 1000독 하여 복음의 핵심을 관통한다.
   - 바울서신(로마서 – 히브리서) 14권 100장을 1000독 하여
     율법적 내용을 복음적 의미로 관통한다.
   - 신약성경을 1000독 하여 구속사의 구조적 핵심을 관통한다.
   - 신구약성경을 1000독 하여 신약과 구약의 균형을 관통한다.

레제나하우스 교육 과정

| 초급 말통과정(말통 52일 연대기 10주) - 연 2회(봄, 가을) |

《말씀통독 마스터》는 성경 66권을 13시대로 나누고 역사적 핵심이 되는 14권을 선별, 전체적인 성경의 골조를 세우는 과정이다. 본 과정은 첫째로 옛 사람이 벗어지고 새 사람의 형상을 덧입는 은혜를 알게 한다. 둘째로 성경 역사가 마스터 되고 존재와 말씀과 거룩이 회복되도록 돕는다. 셋째로 마음속에 있는 원망, 분함, 악의, 비방, 부끄러운 말이 말씀통독을 통해 '사랑하고 축복하는 마음'과 '나는 죽었고 예수 사셨네!'를 고백하는 기적의 삶이 되게 한다.

| 중급 예통과정(예통 90일 구속사 16주) - 연 2회(봄, 가을) |

《예스 통독》은 성경 66권을 구속사로 관통하여 예수님의 스토리를 알아가는 과정이다. 본 과정은 첫째로 예수 통치가 임하여 Yes! 아멘 순종하는 은혜를 알게 한다. 둘째로 성경 66권을 90일 동안 구속사적 관점으로 관통하게 한다. 셋째로 '나는 죽었고 예수 사셨네!' 의 '나죽예사'와 사람을 용서하고 사랑하는 '천국용사'의 삶이 플러스 되게 한다.

| 고급 강사과정(말통 및 예통 강사 멤버십 세미나) - 연 2회(여름, 겨울) |

강사과정은 말통과 예통 인도자로 세우기 위한 One-Day 과정이다.

본 과정은 첫째로 학습자를 잘 인도할 수 있도록 전체적인 강의와 진행방법 등을 배우게 한다. 둘째로 효율적인 강의를 위한 PPT와 소그룹 인도를 위한 행정서식을 제공한다. 셋째로 심화 연구과정에 참여할 수 있는 자격을 부여한다.

| 심화 연구과정(강사과정 수료자 연장교육) - 연 3회 |

심화 연구과정은 말통과 예통 강사과정 수료자를 대상으로 대그룹 강의와 일대일 및 소그룹 인도자 양성을 위한 교육과정이다.

본 과정은 첫째로 성경의 각 권에 나타난 구속사와 역사적 구조에 대해 세부적으로 연구한다. 둘째로 소그룹 운영 가이드와 강의를 위한 교안 및 학습도구들을 개발하고 자료를 제공한다. 셋째로 강사와 소그룹 인도자에게 필요한 교육과 훈련을 받게 된다.

◆ 레제나하우스 연락처(070-8249-0765)

◆ 레제나하우스 세미나 문의
- 월요예통 캠퍼스(구속사 16주) : 안숙향 간사 owj0149@naver.com
- 수요예통 캠퍼스(구속사 16주) : 주혜선 간사 6461grace@gmail.com
- 목요예통 캠퍼스(연대기 10주) : 주영미 간사 joyjooym@hanmail.net
  전구영 총무 jeon5546@naver.com
- 토요예통 캠퍼스(연대기 10주) : 김영숙 간사 dyds0425@naver.com
  엄연숙 총무 mmi9709@naver.com
- One-day 강사 심화 연구과정 : 신기영 간사 skyloveru@naver.com
  김성국 총무 drn121@naver.com

◆ 레제나하우스 후원 안내
- 국민은행 046801-04-143829 예금주(레제나하우스)
  자동이체 http://go.missionfund.org/lejena
  (미션펀드를 통한 후원은 기부금 영수증 발급가능)
- 후원문의 070-8249-0765 joy-jsy@hanmail.net

로마서 1000독을 도와줄
성경 앱(App, application)을 소개합니다!

〈성경통독〉

로마서 1000독을 쉽게 할 수 있도록, 로마서 읽기표를 제공한다. 성경본문을 보며 음원을 들을 수 있고 배속도 지원된다. 다양한 읽기표로 성경 전체를 통독할 수 있으며 무료로 이용 가능하다.

▶ 설치 안내

구글 플레이, 앱스토어에서 "성경통독" 검색 후 다운로드하면 된다.

〈갓피플성경〉

원하는 성경본문을 보면서 듣기가 가능하며 배속 기능이 지원된다. 개역개정, 개역한글, KJV 역본이 기본 제공되며, 개역개정 듣기음원은 5,500원 구매 후 이용 가능하다. 형광펜, 노트로 묵상한 내용을 기록할 수 있다. 성경읽기표 등 통독과 묵상에 필요한 다양한 기능을 제공한다.

▶ 설치 안내

구글 플레이, 앱스토어에서 "갓피플성경" 검색 후 다운로드하면 된다.

도전! 로마서 1000독

초판 1쇄 발행	2017년 1월 2일
지은이	조상연
펴낸이	여진구
책임편집	김아진
편집	안수경, 이영주
책임디자인	이혜영, 노지현	마영애
기획 · 홍보	김영하
마케팅	김상순, 강성민, 허병용
제작	조영석, 정도봉

해외저작권	기은혜
마케팅지원	최영배, 정나영
경영지원	김혜경, 김경희

이슬비전도학교 최경식, 전우순   303비전성경암송학교 박정숙
303비전장학회 & 303비전꿈나무장학회 여운학

펴낸곳   규장

주소 06770 서울시 서초구 매헌로 16길 20(양재2동) 규장선교센터
전화 02)578-0003   팩스 02)578-7332
이메일 kyujang0691@gmail.com   홈페이지 www.kyujang.com
트위터 twitter.com/_kyujang   페이스북 facebook.com/kyujangbook
등록일 1978.8.14. 제1-22

ⓒ 저자와의 협약 아래 인지는 생략되었습니다.
이 출판물은 저작권법에 의해 보호를 받는 저작물이므로 무단 전재와 무단 복제를 할 수 없습니다.

책값 뒤표지에 있습니다.
ISBN 978-89-6097-482-1 03230

규 | 장 | 수 | 칙

1. 기도로 기획하고 기도로 제작한다.
2. 오직 그리스도의 성품을 사모하는 독자가 원하고 필요로 하는 책만을 출판한다.
3. 한 활자 한 문장에 온 정성을 쏟는다.
4. 성실과 정확을 생명으로 삼고 일한다.
5. 긍정적이며 적극적인 신앙과 신행일치에의 안내자의 사명을 다한다.
6. 충고와 조언을 항상 감사로 경청한다.
7. 지상목표는 문서선교에 있다.

하나님을 사랑하는 자 곧 그의 뜻대로 부르심을 입은 자들에게는 모든 것이 合力하여 善을 이루느니라(롬 8:28)

규장은 문서를 통해 복음전파와 신앙교육에 주력하는 국제적 출판사들의
협의체인 복음주의출판협회(E.C.P.A:Evangelical Christian Publishers
Association)의 출판정신에 동참하는 회원(Associate Member)입니다.